后浪

离婚
心理指南

应对情变的终极行动手册

[英]萨拉·戴维森——著
SARA DAVISON

欣玫——译

UNCOUPLING

How to survive and
thrive after breakup and divorce

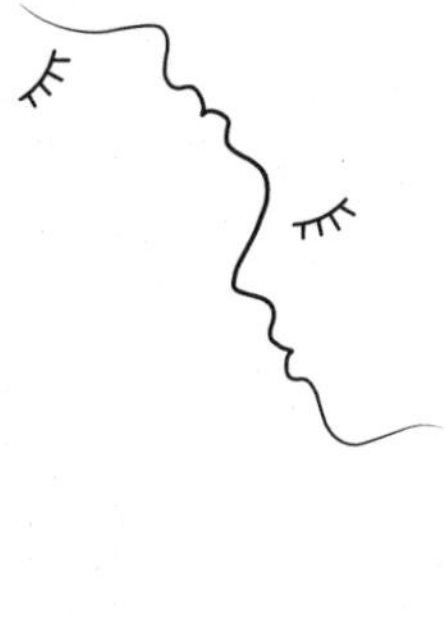

中国友谊出版公司

目 录

致 谢

我非常感激这些优秀的人一直以来对我的陪伴。他们中一些会一直守在我的身边，对此我从未怀疑过。我知道，如果没有他们，我永远也熬不过去。他们有些是我在沿途遇到的新朋友，有些永远也不知道当时自己的善行对我的意义有多么重大，还有一些则用各种我无法想象的方式加速了我的前进。

我要感谢我的妈妈和爸爸，他们始终站在我的身旁，随时随地、夜以继日地给我帮助、支持、建议和鼓励。他们是我最好的父母。

我也要谢谢我那漂亮的小男孩，他的存在一直激励着我努力前行，每天尽力做到最好。他的微笑、可爱的拥抱及咯咯的笑声使每一天都变得更加美好。

我还要感谢夏洛特，她是我最好的朋友；苏，我从没见过这么好的姐妹，她在她漂亮的家中热情招待了我和儿子；艾米像一束阳光，与我分享冒险经历；迈利和鲍比无论怎样都始终伴我左右；朱尔斯坚定而诚实，帮助我返回正轨；贝吉塔从一开始就支持我，并使我与未来和解；本富有同情心而友好，在最黑暗的那些时光里，他总能腾出时间与我交谈；亚历克莎坚信要做正确的事情并鼓起勇气实施，这将永远给我以激励；保罗·麦肯纳（Paul McKenna）在我挣扎于现实中时，常常在凌晨从洛杉矶给我打来电话；斯蒂芬·罗素（Stephen Russell，又名赤脚医生）的睿智话语和对我的坚定信念给了我极大的鼓舞；安迪帮助我重拾自信和自尊，并带来一路的乐趣和欢笑；维多利亚帮我启动离婚辅导工作，并在紧急情况下照顾我；SJ，对我和我儿子极好的朋友；科特汉尔（Coathanger）[①]的苏茜·伯尼（Suze Bernie）对我的造型给予了恰到好处的建议，并从开始就对我充满信心；还有贾伊乔设计（Jaijo Design）的贾伊（Jai），他为我的品牌做了很多令人惊叹的创意工作。

同时也要感谢莎拉、伊泽贝尔、露西、露辛达、克莱尔、妮娜、奥尔加和西尔帕，这些朋友如此可爱，让我在阿斯科特度过的日子如同在家一般的温暖。

我非常幸运——拥有一支极具天赋的优秀团队并能带动我周围的人与我一同实现出书的梦想。我要感谢这些人：我的公关顾问亚历山德拉·戴维森（Alexandra Davison），她的热情和努力让人难以置信，终于使离婚辅导工作为世人瞩目；让我的书顺利出版的整个团队；贝卡·巴尔（Becca Barr），我的经纪人兼密友，不仅促使我写成本书，而且自始至终鼓励我、支持我；卡莉·库克（Carly Cook），在本书的创作过程中，我们一起哭过、笑过，最终成为亲密的朋友；戈登·怀斯（Gordon Wise），他施展了自己的“魔法”；皮拉图斯出版社（Piatkus）的安妮·劳伦斯（Anne Lawrance），她给了我机会，我将永远感激；还有克劳迪娅·康纳（Claudia Connal）、佐伊·博姆（Zoe Bohm）和利特尔&布朗出版社，他们使书的内容生动活泼。

---

① 英国的一家个人造型指导公司。——编者注

引　言

我始终相信，不论在生活中遇到什么，这些事件本身并不能束缚你。只有当你直面它们并积极应对时，你才能做自己。这种信念，以及我个人的离婚经验和作为离婚指导师的经历，共同促使我撰写本书。

“分手”（Uncoupling）一词指的是任何关系的终结，它以多种形式出现。有些人，比如克里斯和格温妮斯[①]，会以“清醒/有意识”的方式分手（Conscious Uncoupling），他们能够温和友善地解决问题，在这一过程中相互支持。而对于另一些人，除了激烈的不欢而散之外别无选择，我称之为“强制斩断”（见术语表），分手对他们来说更像是一场战争。不论你正在经历哪种形式的分手，本书都能帮助你克服困难，爬出低谷，引导你走上一段比较轻松的旅程。

不论当下身处何种境遇，我们大多数人起初都希望寻找相伴终身的人，这是普遍真理。如果我们找到这种关系并全身心地投入其中，却只是为了分手，那也太糟糕了。我知道这些是因为它发生在我自己身上——我恋爱、结婚、有了宝宝，然后离婚了，当时我真的以为我的生活彻底完了。

而人生其实远远没有完结。虽然我过去的生活和曾规划的梦想都结束了，但当我哀悼我逝去的婚姻时，我没能看到的是，我有机会建立一

---

① 指克里斯·马汀（Chris Martin）和格温妮斯·帕特洛（Gwyneth Paltrow），曾是一对明星夫妻。——编者注

个全新的、更美好的未来。离婚在当时看来是最糟糕的事情，但它教会了我如何从事件中汲取教训，并转向那些更快乐的事情，更好地理解我的愿望和需要容忍的东西。它给了我力量，也就是本书要传递的信息——让你重新掌控一切。即使是被迫分手，你也可以重新把握自己的命运。

不论你和伴侣的分手过程到了哪个阶段，即使只是刚有雏形，也请你明白，我和你走的是同一条路，我理解你所面对的每一个阶段。我无法承诺这过程会毫不费力，或者提供速战速决的锦囊妙计，但我可以保证，你最终将熬过这个过程。我教给你的方法会在整个旅途中给你以有力支持。虽然我是个经历了离婚的女人，描写的状况或许更能引起女性的共鸣，但本书涉及的方法对男女都适用。无论你处于分手的哪个阶段——是在权衡是否结束关系，还是刚刚签署了离婚协议，无论你是男是女，都能在这里找到需要的东西。你将发现一些建议，它们能帮你度过最糟糕的时刻，也能助你享受将要到来的最好时光。

我自身的经历带我走上专业研究离婚辅导之路，帮助我创建了我的离婚辅导计划，并成就了本书。

过去的16年里，我的生活和事业一直围绕着指导工作，并有机会与全球个人发展领域中的一些顶尖学者一起工作、向他们学习，比如安东尼·罗宾（Tony Robbins）、理查德·班德勒、保罗·麦肯纳和斯蒂芬·罗素。我是一名NLP[①]高级执行师，已经指导了成百上千人，使他们从自己的生活中收获更多。NLP是一种方法，可以用于个人发展、交流沟通和心理治疗，它创建于20世纪70年代，主要用来描述思维与语言之间的动态关系，

---

① NLP是神经语言程序学（Neuro-Linguistic Programming）的英文缩写，在香港也被意译为身心语法程式学。——编者注

以及二者间的关联如何影响我们的身体和行为。NLP 可改变人的行为模式，帮助人们改掉一些坏习惯。

然而令我惊讶的是，尽管我有指导技能、成功的事业和帮助他人渡过难关的丰富经验，但在自己的婚姻破裂时还是感到措手不及。尽管用尽了所有方法，我还是被离婚彻底击倒了。我拼尽每一分力气来挺过这个阶段，不可避免的情绪起伏像坐过山车一样，时时刻刻将我抛上抛下，日复一日。这时我才真正开始意识到，离婚是一段如此惨痛的经历，会对你生活的方方面面造成巨大影响，我以前实在是低估了它。我开始想了解其他人是如何应对的了，因为我自己真的过得非常艰难。

我很幸运，身边有很多好朋友和家人。我聘请了优秀的、支持我的律师，还找到了很棒的治疗师。治疗很有帮助，因为它让我有机会和专业人士交流，治疗师了解双方的心理，并能深刻洞察、厘清思路。但我仍然感觉少了些什么，我需要一些可以用于走出迷雾的策略指导；我需要一个能立即执行，让我的感觉好些并积极前行的行动计划。

我从自己的离婚中学到了很多东西，我意识到，如果将这些经验和我的指导技能结合起来，我就能帮助其他人穿过离婚这个动荡不安的世界。于是，萨拉·戴维森离婚辅导机构很快便诞生了。我的商业头脑促使我找出实用而直指要害的方法——它们易于应用，并有助于快速取得成果。我并非心理治疗师或心理学家，但正如之前所解释的，我是NLP高级执行师，也就是说，我的方法旨在向前推进，而非纠缠于过往。我不会给出法律或财务方面的具体建议，但确实能提供一些对我和客户来说都行之有效的策略，我的目的是给你一些工具，帮助你处理分手、离婚和重新开始的相关事宜。

本书将尽心向你表明，你的分手并不一定是生活的终结，事实上，它标志着新生活的开始，你将拥有激动人心的未来。

诚实面对伤痛

首先我该说明的是，我不打算只是告诉你要克服困难，而是准备帮助你渡过难关。“心碎”被描述成一种极其痛苦、伤人极深的感受，可它并没有在肉体上留下任何伤疤和痕迹，只是让我们所珍视的一切都变得毫无意义。它也被描述成掀开几乎要痊愈的痂——我们明知这有多痛苦，却不肯停止探查，而是一次次回到现场，所以永远也不会好转。对于分手来说，探查通常是回放与分离有关的所有最痛苦的事件，我们可能会问：“我可以不那么做吗？”这种时刻令人沮丧，但我们必须非常努力，以免困在其中。

我应该说到的第二件事是，世上本无魔法棒，我不可能带走你面临的所有痛苦，但我能保证，本书将提供工具，让你找到自己的解决方法，并获得独一无二的经验。我也不打算用某些分手经历来打击你，比如我和前夫分得“心平气和”，或是仍然“在任何时候都尊重彼此和曾经相伴的过往”。虽然我知道有些人拥有“愉快”或“友好”的分手经历，但我并非其中之一。我的分手艰难异常，出现了各种各样让我几近崩溃的情况。和任何创伤性体验一样，我经常回顾过去，并奇怪自己怎么还待在原地。我付出了很多努力来理解，这个曾在身边的人怎么就变成了和我没有任何关系的陌生人。我曾宣誓要和他共度一生，选择他做我孩子的父亲。他比任何人都更了解我，而我曾全心全意地爱着他。各种情绪在我的脑子里盘旋，但我也不得不面对分手的现实——要找律师、会计师，签署没完没了的文件，整理文档，而我当时只想爬上床，待在那里。这就是有关分手的第一个艰难事实——你希望整个世界都消失，但这世界需要你变得强大和专注，因为随后你所做的事情将深远地影响你的未来，而你可以为自己设计并打造这个未来。

一步一个脚印

第一步是承认并接受这个观点——分手和离婚是重回幸福生活的复杂道路。在本书的开头，我试图让你了解即将面临的事情。我始终相信，如果你清楚自己面对的是什么，就能做好充分准备，应对起来也更容易，比如你认为彻底的分手是巨大的缺失，这样的想法没有什么问题。你本以为你们的关系会永远存在，而它却结束了，对此感到悲伤也是很合理的事。事实上，除了爱人去世，离婚常被认为是第二大痛苦经历，所以不出意料地，你将熬过同样的过程，从缺失中恢复过来。伊丽莎白·库布勒–罗斯（Elisabeth Kübler-Ross）写过一本名为《下一站，天堂》（*On Death and Dying*）的书，概述了那些即将死去的人所经历的悲痛阶段。后来，她论述的这些阶段一直被用于描述人们遭遇爱人过世及重要生活关系终结时的痛苦过程。库布勒–罗斯还与戴维·凯斯勒（David Kessler）合著了一本书，叫作《当绿叶缓缓落下》（*On Grief and Grieving*），书中提道：

> 你将无法“克服”失去爱人的缺失感，得学着与之共存。你将会痊愈，在遭受缺失之苦的同时重建自己。你将重新变得完整，但

永远不会变回过去那个你。你不该与过去一样，也不该希望与过去一样。

悲伤与治愈周期

哀痛和悲伤的几个阶段具有普遍性，每个人都经历过，不论你是谁，或来自哪里。我喜欢称之为“治愈周期”(Healing Cycle)。关系结束时，我们处于悲伤之中，每一步所花的时间和感受到的强度都因人而异，一些人会在某个特定阶段停留更长时间，这完全取决于个人经历。该周期一共有5个阶段，它们并不总是按特定顺序依次进行，我们可能跳过某些阶段向前推进，然后突然后退两步，这些都很正常。重要的是你要知道，就算没有经历所有阶段也没关系，不必有任何压力，因为每个人的经历都各有不同。这些阶段步骤只是一种指导，帮助你了解自己的境况和你在这个过程中所处的位置，它们基于库布勒-罗斯众所周知的悲伤5阶段(Five Stages of Grief) 理论。

这5个划分清晰的悲伤阶段对治愈过程（见术语表）至关重要。我将花些时间来详加论证：

1. 否认（Denial）

在这种情况下，否认和震惊其实是一回事，你所做的只是屏蔽伤痛，并想着：“这不是发生在我身上的事情。”在这个阶段，我们被感情而非理智所掌控，试图适应这个想法——我们的生活中将不存在这个正在走远的人。即使关系已经结束，我们还是不相信这个事实，并幻想着一切都能正常运转。否认表现在很多方面，例如，逃避或忽略现实。我们可能会对一些明显的迹象视而不见，而这些迹象表明我们的关系出了问题，比如外遇、撒谎或不和谐，还可能会容忍常见的影响关系的不良行为。

否认往往是对一切困难境遇的第一反应——否认你正面对的现实情况。这完全正常，并有助于使你感受到的强烈情绪合理化。大脑具有保护我们的优秀能力，这是一种心理防御机制，能帮助我们抵御无法接受的东西，是对直接冲击的终极缓冲。但否认是暂时的，它的目的是帮助我们度过最初和最剧烈的痛苦时期。在与否认阶段做斗争时，你还可能感受到其他情绪——困惑、恐惧、麻木和埋怨。对我而言，我处于否认阶段的最大表现是，我一直有能力把生活过得跟以前一样，不让在我看来意味着丈夫出轨了的证据击垮我。我想我当时封闭了自己的情绪，继续做着手头的工作，是为了确保我能弄清所有事实，并处处为我儿子着想。

2. 愤怒（Anger）

在这个阶段，你感到无比的愤怒，想要对这种状况和造成这种状况的人做出反击。你希望和每一个人喋喋不休地讲述自己的故事，心中可能充满了挫折感、焦虑、恼怒、难堪和耻辱，但请记住，这会过去的。

这个阶段对我很陌生，因为我其实没花多少时间在这上面，而且我也真的不知道这是为什么。所以记住这点很重要，每个人都会以截然不同的方式应对悲伤，有些人经历了所有阶段；有些则只走过其中一两个；有些人在各个阶段花的时间都差不多；有些则长时间卡在某个阶段，最普遍的情况是困在最后那个阶段。

这个阶段可能是最棘手的。因为，当暂时的缓冲消失后，即使我们还没有准备好面对，现实的伤痛也会以双倍的强度再度袭来。然后大脑会把它转化为愤怒，我们面对发泄对象时表现得毫无逻辑，有时对方甚至都不该承受我们的怒火。这时，理性思维远离了我们，取而代之的是我们的情绪。如果处理得不好，它可能会有危害。

3. 讨价还价（Bargaining）

因为在这个阶段，你会寻找能够解决问题的一切方法，所以它和否认阶段紧密相连。这个阶段也可能很困难，会实实在在地削弱你的自我价值感。有些人认为经历这个阶段是软弱的表现，但我要提醒你，无助感和脆弱感是完全正常的反应。重要的是，记住讨价还价是为继续保留你拥有的东西所做的尝试，驱动力来自你的深层需求或试图重新掌控部分局面的愿望，尤其是在分手不是你主动提出或你不希望分手的情况下。你并不是在“乞讨”，而是试图把事情处理得有条理。我常常想，这也可以称为“只要”步骤，我们暗自在心中定下主意，明确为了保持现状，准备做到什么程度。这一步特别困难，因为它往往只是推迟了不可避免的事情的发生时间。通常在这一阶段，我们会试图说服自己，为了继续保持关系，我们已准备好做任何事情，例如，“只要我瘦身，他会再次喜欢我”或“只要我不再絮叨，或许我们能少争吵”。有些人甚至能走到达成协议的地步，他们表示将对不忠或其他不可接受的行为睁一只眼闭一只眼。意识到为了维持现状、保持关系，自己已做出了什么程度的准备，会让你颇感惊讶。

有个例子来自我的一位客户，她来找我时显得极其不开心。她发现自己的丈夫与同事搞婚外情已有半年。当她对他短短几个月就出差3次表示怀疑时，他承认了。然而，尽管两人的关系已受伤害，她却无法相信他们会分开。她害怕单身，无法想象没有他的生活会是什么样子。最初的震惊和愤怒过后，她决定忽略那些不忠事实，试图劝说他留在自己身边。无论何时，只要他在眼前，她就化好妆，在自己的外表方面下足了功夫。她为他烹制他最喜欢的食物，竭尽全力想做他心目中的理想妻子。虽然他们的关系已受到重创，但她仍然紧紧抓住不放，试图维持下去。

讨价还价是另一种缓冲，将现实藏在角落里，尤其是那些让人痛苦的状况。你可能会挣扎于寻找事件的意义，也可能会花时间自问是不是本可以做得更好，并责备自己。我的很多客户都说他们会不断自问："我做错了什么？"这个阶段可能会很艰难，因为你或许会发现自己偏离了自己的核心价值观。为了挽救你们的关系，你也许已准备好做任何事情，即使这会危及你珍视的东西。

4. 抑郁（Depression）

类似于愤怒，抑郁会以多种形式出现，相比其他阶段，有些人对这一阶段的感受更深刻。这是非常艰辛的阶段，压倒一切的忧伤和遗憾占据主导地位，使得人们很难继续向前。抑郁会带来无望感和惰性，这也意味着，虽然我们有能力处理分手或离婚过程中突然出现的现实问题，却在选择回避，只想躺在床上。你担心自己再也不会快乐了，这很正常。这是整个旅程的一部分，我相信，通过让你了解治愈心碎的最短路径，你将能清楚地摸清前方的路，因而会更有控制力。如果你被诊断患有抑郁症，也不意味着你必须给自己贴上这个标签，它只是需要接受的现状的一部分，并不能定义你是谁。它让你清楚了解你正在经历的事情，明白自己困在哪里。为了走出困境，这是你必须经历的阶段之一。

你觉得不堪重负、无助无望，担忧未来并产生挫败感，这都是完全正常的。有时你还会相信，自己再也不会有什么舒服的感觉了。解决这一问题的关键是要有一个合理的新计划，即使你只为此迈出很小的几步（后文将对此详述）。同样重要的是，要记住如果你需要额外的支持以帮助自己度过这个阶段，那么向家庭医生寻求医疗帮助和建议并不是什么可耻的事情。一定要选择适合你的路线并接受所有可行的帮助。

5. 接受（Acceptance）

这是最后一个阶段，显然也是你恢复过程中最重要的阶段，它将使你得到一些合适的东西，向前迈进并与过往和平相处。你将在这一阶段接受一些事实——事情已经过去了，你仍然感到悲伤，但会放手并继续前行。有些人需要耗费很长时间才能抵达这一步，这通常意味着他们会困在之前的某个阶段。

你要记住的重要一点是，正如你无法爱得匆忙，治愈悲伤也同样需要时间。这是个正常的过程，你所感受到的每一种情绪都很寻常。你可能会前进两步，接着后退五步，但你最终会渡过难关的。

如果你已决定要和伴侣离婚，在做出决定之前，你可能已经历了治愈周期中的大部分阶段。你会接受“这段关系将无法继续”的事实，并且选择分手。然而，这并不意味着你不会经受过山车般的情绪波动。最近我的一位男性客户在经过好几个月的深思熟虑后，决定离开自己的妻子。他爱过她，但他说自己已经不再爱她了。当知道她想让他留下来时，他挣扎于自己的内疚感，并对自己的决定感到非常糟糕。他很难过，因为他不想伤害她，可又知道那个决定是正确的。在来我的诊所之前，这位客户在歉疚和悲伤之中犹豫了半年多。离婚即使主要由一方提出，也会给双方带来情绪上的困扰。

我结过婚也离过婚，知道任何长期关系的破裂都会带来伤害，你会为之悲伤。不论结婚戒指是否存在，当你原本认为会持续到永远的事情完结时，心中都会像经历了丧亲之痛。本书中的一些实际建议可能与离婚更密切一些，但那与事务管理有关，而非情感。一段关系结束时，你会为失去爱人悲伤，在某些情况下，你本以为自己很懂那个人。没有人能终生避免遇到让人痛苦或心碎的事情，当一切支离破碎时，感到伤痛是很自然的，重要的是，你要勇往直前，最终抵达令人欣慰的彼岸。

有时候，事情的确会毫无悬念地分崩离析，这也同样难以处理，因为它仍然是一种终结，但这种关系如果长期存在，我们通常会因分手而面临一定的创伤。在写作时，离婚是一种生活经历；而在法律上，我们必须以非黑即白的方式将罪责归咎于某人。从补偿的角度来看，不管氛围可能会有多“友好”，双方毕竟已经划出了界限，打响了战斗。还需要提供“证据”证明，婚姻已不可挽回地破裂了，并使用一类被广泛采用的特殊标签，包括通奸或不正当关系（这二者听起来都极丑陋，远非“友好”）。

奇怪的是，不论面对的是期待中的还是完全出乎意料的分手，你都无法做好充分准备结束一段长久的关系。这是一段痛苦的经历，你需要支持和应对策略才能挺过去，保护好自己，并恰当地为自己构建鼓舞人心的未来。即使是内心最强大的人也会动摇，脆弱的人则可能感受到强烈震撼。我将我的经验整理总结，写成此书，以帮助你一路前行。里面包含了迄今为止我所学到的各种内容，也有我作为离婚指导师在实践中所做的一切，还有很多从我自己的离婚经历中提炼出来的东西。我想你可以把它称为你的终极分手恢复手册，希望它能给你帮助。

掌控眼前，迈向未来

本书的重点并非详述你们的关系哪里出了问题，当然，你必须解决这些问题才能向前迈进，并在进入一段新的关系时避免出现同样的模式。本书旨在帮助你重获控制权。除了“丧失已计划好的未来”这种压倒性的感觉，分手带来的最糟糕的事情是，无论是现实生活中还是情感上，你都觉得失去了控制。最初我会向你提供一些技巧和策略，帮助你应对分手的困难，让你不再感到不堪重负。然后，我将与你一起培养、凝聚你的个人力量，这样你就能更有效地处理负面情绪，继续前进了。你需要的就是这本书、一本笔记本和改变现状的愿望。做这一切都是为了让你重新驾驭自己的生活。

加入分手俱乐部并非我们的选择。真相很简单——没有人希望自己有朝一日需要这本书。

离婚和分手可能会是截然不同的经历，尤其因为婚礼体现了如此令人骄傲且受众人肯定的爱情，每个人都相信你进入了一段长久的关系。不成功的婚姻被视为一种彻底的失败，我们在结婚时不会想到这个，我们在婚礼摄影师面前心满意足地摆造型，为一些事情过分焦虑，比如我们的第一支舞、开胃小菜、婚礼蛋糕、座位安排和“永远幸福快乐”的牌子的设计。然而，现在的离婚率比上一个世纪高出了200倍，英国的离婚率位居全球第4，尽管好莱坞让离婚看上去简单得像春季大扫除，但除了爱人去世，这是第二种最给人压力的生活经历。不管原因是什么，离婚真的很可怕，它改变了我，不过现在我能认识到，这并不一定是坏事。它为我带来的改变是，我不再想要那个“旧我”了，我已经花时间设计了一个“新我”，并憧憬着拥有一切让我兴奋不已的元素的未来。这是一种建立在自身价值观和梦想之上的生活，没有什么比这更让人感到充满力量和自由的了。

面对孤独

经历离婚时，最困难的事是排解孤独。这是你能体验到的最孤独的生活事件之一。然而，我们周围的人不断提醒我们，这种事简直太频繁了，每种周刊和月刊都说离婚是35岁以上的男女生活中的核心问题。可谈到女性最想和他人谈论的事情时，就只涉及生物钟、节食和性，也没有关于离婚/分手的主题鲜明的论坛，因为这是让人们感到羞耻的重大事件。我们都知道，有些人可能已同居了好几年，但结婚半年后就离婚了；还有些人看上去和孩子一起过着幸福的婚姻生活，可其中一方毫无征兆地就突然离开了另一方。这种生活事件仍然背负着巨大的污名，这一点对它没什么好处——在现代社会里，离婚只不过意味着我们放弃了一些不再正常运转的东西，并将局面扭转过来而已。

离婚不像做母亲或升职，并不会让你感到自己独特、聪明或被认可，恰恰相反，我们不会公开或不加掩饰地讨论它。美国演员、笑星艾米·波勒（Amy Poehler）在她的自传中简明扼要地描述过，请看：

> 想象一下，把你所在意的一切都铺开放在地毯上，然后把它们整个抛到空中。离婚的过程就是把毯子装满，扔起来，看着它旋转，担心它落地时哪些东西会破碎——难怪我们想要找到答案和安慰。

一些统计数据

- 在英国，16岁的孩子中有25%来自破裂家庭（《2015年分居父母信息计划报告》）。
- 2012年，英国42%的婚姻以离婚告终（如果把名人分手也算进去，数量看上去会更多）。
- 在美国，研究人员估计，40%～50%的初次婚姻会以离婚或永久分居告终。二次婚姻的离婚风险更高，约为60%。

需要清除的地雷太多了——你可以离婚，但如果有孩子，你就需要经常看到你的前任；你会知道谁是真朋友，可一旦认为你应该没什么事了，他们就想恢复正常状态；你必须学会独自参与社交和度假；要让已婚的朋友安心，保证自己不会无意中威胁到他们的完美结合；不被“成双成对的朋友”抛弃；认识到，总有一天你将再次感受到自我，不会因看到沉浸在爱河中的人们而不由自主地哭泣。本书将帮助任何面对重大关系终结且迎接现实和情感挑战的人，并确保我们变得更加强大。

如果你能从离婚的废墟中拯救出完整的自我，那说明你确实做得不错，但这是个一步步递进的过程。在你的生活崩塌后，你开始投入漫长的废墟清理工作，我将帮助你挖掘你的“旧我”。在你到达各种不同的十字路口且无法确定该走哪条路时，本书将是有用的参谋。这并不容易，我不会假装觉得它很容易，但可能性是存在的，你将变得更加明智；你会学到更多可以用于处理事情的方法；你能更明确地认识到自己是可以依靠的；你将发现，变化有时可能是你遇到的最好的事情。

本书能

- 帮你厘清你的个人状况。
- 使你明确应对分手挑战的策略。
- 提供重建自信的一系列练习和技巧。
- 使你了解如何处理负面情绪。
- 提供使你消除心碎状态的深刻见解。
- 使你掌握控制冲突的各种策略。
- 使你明白做好单身父亲/母亲的多项技巧。
- 帮你设计让你兴奋的未来生活的各个步骤。
- 提供再次投入约会的实践和情感建议。
- 帮你制订属于你自己的个人行动计划。

你的个人行动计划将会一直陪伴着你，同时贯穿本书，它将帮助你追踪、记录进展。这将意味着，在向前推进时，你会有一个涵盖一切你想落实的事情的完整清单。

贯穿整个过程的指导

每章都有一组清晰的目标，旨在指导你走过分手之路。关键是要一步一个脚印地使用书中提供的工具，找到通往新生活的道路。每一章都反映了这一过程中的某个特定阶段。

- **第1章**将帮你确认你是否真的准备走出你们的关系。关键是在决定分手之前，要确保你了无遗憾，因为你结束事情的方式将影响整个过程的每一部分，以及你恢复的速度。
- **第2章**将帮你了解周围环境的重要性，找到正确的支持团队。重要的是要明白，不同的人会以不同的方式帮助你渡过难关。
- **第3章**将帮你审视分手带来的过山车式的情绪波动，让你消除疑虑，明白自己的任何情感都是正常的，都是过程的一部分。你可能常会有进一步却退五步的感觉，但你最终会熬过去的。
- **第4章**将帮你重建自信和自尊，让你积极、充满信心地重新思考自己的生活。
- **第5章**将帮你放手过去，这往往是分手后最困难的步骤之一。
- **第6章**将概述如何踏上恢复之路并设计你的新未来。这通常是我的一些客户感觉萎靡不振甚至“被卡住”的阶段，不过我们有清晰的步骤和技巧来助你继续向前。
- **第7章**将探讨如何在分手后更好地履行共同抚养义务，尽量减少对孩子的不良影响。
- **第8章**将论述约会问题及分手后寻找新伴侣的方法。

做好思想准备

任何突如其来的关系破裂或分手都会挑战现状，并告诉你生活并非总是像看上去的那样。不要仅仅因为你相信有些东西是真的，或有人告诉你那是某种特定的方式，你就选择相信，其实真相并非如此。即使前途看上去像隧道的尽头一样漆黑，也总会有办法解决，你只需要找到光明。这同样适用于离婚。包括尚未走出婚姻时的我在内，对于很多人来说，离婚意味着：

失败

悲伤

不确定

蒙羞

孤独

没有可期待的未来

持续的痛苦和伤害

财务困难

牺牲和损失

虽然在离婚的旅途中，你将经受上述种种恶劣情绪，但这并不意味着生活会一直这样晦暗下去。不论你的自尊、自信降到了多低的程度，不论你的财务和背景状况如何，不论你遭受了多少创伤才走到了这一步，你都能反转你的生活，你都可以重新感受到幸福和爱。我知道这些，因为我已经做到了。

让我们以另一种角度来看待事情——假使你相信离婚是这样的：

解放

令人振奋

以自己想要的方式重新设计未来的机会

你和孩子获得的一堂有价值的人生课程

结交新朋友的机会

对信心的鼓舞

重新发现自身个性的方式

发掘性感和魅力的机会

而且这可能意味着：

自由

无限的可能性

新的爱情

激情和热情

治愈

独立

自己控制财务

现在，如果你相信离婚代表着上述一切，那么你会有什么感觉？你会怎样改变应对它的方式？在早期阶段，这似乎是不可能的，但有趣的是，客户告诉我，对于离婚的含义，起初他们相信第一份清单，但随着时间的推移和接受辅导，他们开始发现第二份清单的内容有实现的可能了。

当然，这段旅程并不总是一帆风顺的，事实上，至少在早期阶段，过山车式的情绪波动和挑战有时会让你感到震惊，疑惑自己是否能继续前行。尽管没有立竿见影的解决办法来消除所有的痛苦，但通过阅读本书，你能战胜分手并准备好过得更加精彩。阅读本书时，你将学会挑战自己对离婚的旧观点，并锻炼解决问题的能力，创造自己喜爱的幸福生活。你会发现，在黑暗的离婚期所缺席的安宁和稳定感重新回归了。

本书不会给你一套呆板的步骤让你跟从，也不会试图给你一套通用的模板。每一章都可被分解成各个清晰的阶段，在整个离婚过程中，你可能会经历这些阶段。这些都是在开始辅导之前，我为客户们描述的各种轮廓，它们是划分整个旅程的基本标准。从决定你是否应该和你的伴侣继续待在一起，到最终离婚并继续生活，每一章都将论及你可能期待的事情、可能会有的感觉和最终结果对你的意义。

创建行动计划

在这个节点上，我建议你买一本笔记本，简略记下你的行动计划。或者，你可以从我的网站（saradavison.com）上免费下载我的离婚辅导行动计划。它将成为帮助你保持专注和始终期待未来的重要工具。在遭受大爆炸式的侵袭之后，各种小的改变都是关键。你的世界被颠覆，你需要紧紧抓住安全绳，依靠它穿过废墟。震惊过后，就是做出更坚定、持久的计划的时候了。你现在所采取的行动和拥有的想法是获得一切新机会的基础。目前你的大脑能处理的是小的变化，而你实施的任何变化都必须从你的意愿开始——你的愿望越强烈，就越容易控制变化。

行动计划是你一切辛苦努力的成果，我们会一起创建你的定制清单，让你重新掌控自己的生活。这项工具极其有效，能回馈你所需的动力，让你朝着使自己兴奋的美好未来进发。

你的行动计划将给你一个新的积极的聚焦点，表明你对未来生活的殷切期待。不管处境会变得多么艰难，不管事态看上去有多么糟糕，它每天都会给你继续前进的动力。

在整本书中，我将帮助你制定一些重要且令人信服的目标，并写进你的行动计划，该计划将把所有信息整合成一张表格，以方便你使用。我建议你在读完每一章后，花点时间写下关键点和自己的想法，并增加几个简单的小步骤,这将帮助你实现这些想法。构建行动计划是一种方式，它能让你看到，多个小步骤会如何成功地将你推向最终目标。

我经常建议我的客户，在实施每项行动之前给自己设定最后的期限。还有一个好主意是每天回顾计划，以确保你清楚自己要实现的目标。你的个性化计划确立了工作流程，在向前推进时，你可以增加内容，也可以改变想法或行动。它将为你提供一个新的关注焦点和一些积极而有建设性的目标。它还能在隧道尽头给你光明，帮助你创造你想要的生活，坚定地走向更好的你。此外，它还将为你提供任何类型的辅导，甚至是你正在接受的治疗方面的支持。下页有一个完整的行动计划的例子（如果你愿意使用，可以在本书的附录中找到对应的空白表格）。你会看到，你需要写下一项行动和对应的日期，并应该在这个最后期限之前做好，然后打钩，表示已经完成。这个方法简单易行，能让你一目了然地看到自己正在不断进步。

行动内容	最后完成期限	已完成
打电话给朱莉，约好一起喝咖啡，告诉她离婚的事情	9月20日	
研究本地的律师事务所，请简为我推荐	9月21日	
在体育馆报名参加尊巴（Zumba）课程	今天	√
写下所有我感激的事情	今天	√
在便利贴上写下激励人的话并贴到浴室的镜子上	9月20日	
拉黑Facebook上表现消极的人	9月23日	
和姬玛一起预约spa的美甲	10月1日	
制作一份记录开销的电子表格	持续到11月1日	
每天抽空步行25分钟	持续	
研究本地的读书俱乐部	9月23日	
重新摆放起居室内的家具	9月20日	
与上司见面，解释情况	9月23日	

4个关键点

在你开始之前，最好先看看我所谓的“生存与发展的4个关键点”(Four Keys to Surviving and Thriving)。它们在大部分进程中起着巩固和支持的作用，并贯穿全书。

1. 勇于担当

这是我们着眼的第一部分。在你开始审视出现问题的原因和程度（并考虑你是否能够挽救这段关系）之前，你必须承认，事情发展到这一步，你也是有责任的。如果你能认可自己是其中的一部分，那么它将告诉你如何挽救当前的关系，或为自己开创新的生活，你将能从旧模式中吸取一些教训，并明白自己愿意容忍的东西。不要玩责备游戏，那样会放弃自己的权利，让别人来控制你的情绪。相反，要看看自己能从中学到什么，并加以利用，使自己得到成长。

第1章会仔细分析这个关键点，我们要做的第一件事是，看看双方是否都愿意尝试承担自己的责任，两人的关系是否能被挽救。然后我们将根据结果采取相应的行动。

2. 保持清醒

清醒会给你以力量。知识是减少不确定性的重要工具，然而你不可能准确把握所有事情。要学着适应，与一定程度的不确定性友好相处。我认为最基本的事情之一是，在离婚过程中，大部分的创伤体验都源于周围环境的不确定性。未知会导致不稳定，如果你本以为一切都是安全可靠的，但却突然遭到威胁，就会感到极其恐怖。清楚地了解正在发生的和将要发生的事情，对经历这个过程来说是至关重要的。我们将在第2章中讨论这些，我们将集中精力为你建立一个支持团队。第3章主要关注情绪过山车，但也会论述该如何在动荡不安的混乱时期保持清晰的思路。

3. 重获控制

你要控制自己的感觉和反应。不要一味活在对别人的反应中。收回你的控制权，自己决定想要的感觉。这是本书的关键所在——你不可能让别人按照你的意愿行事，但你可以对自己的行为和观点负责。我们将在第4章中对其详加讨论，并重建你的信心和自尊。

4. 积极向前

不要沉湎于过去。坚持向前看，把你的精力投入创造你渴望的未来上。这一原则构成了第5～8章的基础，我们将关注放手、继续前行、解决冲突和约会。这些是你的“未来章节”，我将把它们分解成多个易于管理的阶段，从而打造“新的”你。这一点是讲，你不要为过往感到遗憾，而要面对和处理已经发生的事情，并积极改变、向前迈进。

突破

我的个人箴言（也是我的辅导计划的基础）：

- 你只能活一次，所以不妨尽情享受生命。
- 背负过去的包袱进入未来毫无益处。
- 想要快乐，你就必须放下一切苦痛。
- 离婚能够成为最自由的体验，也可以是创造你从未有过的诸多美妙机会的催化剂。
- 任何事情的发生都有原因和目的。
- 你无法改变过去，但可创造未来。
- 担心于事无补。
- 不必为你无法控制的事情烦恼。

请记住：

“每件事的发生都是有原因的……有时候好东西会支离破碎，而只有这样，更好的东西才会聚拢过来。”

——玛丽莲·梦露（Marilyn Monroe）

第 1 章

确信你了无遗憾

“嗯，这桩婚姻中有我们三个人，所以有点拥挤。”

——威尔士王妃 戴安娜

这毫无道理。“我要疯了。是的。这就是发生的事情。幸好尚未失控。我要疯了，因为这不可能发生。不是的，这只是一个生动逼真的梦境。”至少我曾这样希望过，但即使你的大脑无法面对现实状况，你的身体也总是明白的，我浑身颤抖得无法控制，感觉要病倒了。那天早上，我第二次打开抽屉，隐形眼镜盒坐在那里盯着我。我不戴隐形眼镜，我丈夫也不戴。事实上，我不知道谁戴了。我打开它，一个很大的假睫毛坐在那里冲我眨眼睛。我关上抽屉，远离它的干扰，但那一刻，我深深地意识到，我的生活已经发生了天翻地覆的变化。

一个艰难的决定

当你们的关系破裂时，花点时间弄清楚自己的心态很值得，你要在这期间想明白自己需要什么。你应该坚决厘清问题，然后才能做出理智的决定，选择转身离开还是尝试挽救关系。虽然有些人的状况很明显——分手毫无疑问是唯一的出路，但另一些人的情况则不然。请记住这一点，下面的练习能帮助你明确而积极地做出是否结束关系的决定，识别双方存在的问题和正面解决的方式。

本章将介绍“了无遗憾”的练习。如果你完全无法确定自己的去留，那么就该做做这个练习。对我来说，在发现假睫毛并怀疑我的前夫出轨之前很久，我已处于了无遗憾阶段了。这种怀疑早在几个月前就开始了，但这是真的，你只看得到自己想要看到的。我知道那样做不好，但仍然决心尽我所能修复我们的关系。问题是，我前夫不这么认为。我其实已经开始相信他爱上了别人，但还是不顾一切地坚持着，相信只要继续努力，我们就一定能重归于好，他会幡然醒悟，回忆起他曾多么渴求与我相伴。

这段关系还有救吗?

我当时做了很典型的事情，也是我的很多女性客户往往会做的事情——我以为是我的错。在这点上我要说的第一件事是，这种态度不正确，这不是责备或单方面努力所能解决的问题，这样做的前提是双方都有一起挽救关系的意愿。我花了很多时间试图做得“更好”——饭做得更好、更愿意倾听、更性感、更苗条、更悦人，凡是你能想得到的，我全试过。事实上，从发现假睫毛那天起，我已经为锻炼做好了准备。我居住的公寓楼下面有一家健身房，我的邻居是私人教练。我已经开始跟着她定期锻炼了。我也深信如果我能瘦身成功，那么我丈夫和我之间的关系就能得到实质性的改善。我记得自己还去找过造型师，希望彻底改变我的外形，坚信如果我看上去能更性感，状况就一定会变好。在伦敦，我们站在狭小的更衣室里，我试了一套又一套衣服，在这位造型师称赞我是多么漂亮时，我突然大哭起来。她看起来吓坏了，说：“天呐，怎么了？”

我哭得几乎说不出话来，结结巴巴道：“我这么胖这么丑，我想我丈夫不爱我了，你帮不了我。”

我的自尊心一落千丈，我当时的决心非常大，要为我们俩挽救这段关系，而忽略了一个事实：双方都必须参与到这个过程中才行。我做的每一件事都受到了这一决心的影响，我变得痴迷于维系我们的家庭。即使在相当长的一段时间里，我丈夫已经不怎么理我了，我还是对我们最初的感情紧抓不放，这促使我继续努力尝试。但是后来，我确信他在和别人约会，有些事情清楚地表明他出轨了。有一天，我看着他回头看我的样子，感觉他的眼睛里有什么东西消失了，我永远也不会忘记那个眼神，我敢肯定他一点儿也不爱我了，而我真的毫无准备，我惊恐万分，陷入严重的恐慌状态。我做了一切能做的事情，但我们之间的感情再也没有回来，我失去了他。

我记得我天天去健身房，还参加烹饪课程，每天都要花上好几个小时为他准备晚餐，而他却常常不想吃。我最终选择了所谓的“离婚食谱”，体重减掉了2.5英石（15.8公斤）。我只记得这段时期我反复问自己：“我还能无忧无虑、快快乐乐地生活吗？”

回顾过去，我能看得出，我已经变得陈腐而老套了，但这对于后来的事情是如此重要——我从未想要因不够努力而责备自己。极为重要的是，如果事情已然无可挽回，你就不会对自己本可以做或本该做的事怀有遗憾了。那个假睫毛改变了一切，发现我认定的出轨证据对我产生了深远的影响，其他所有我早已怀疑的点点滴滴随即开始凸显出来。烦恼和疑虑排山倒海般袭来，我完全没有能力清晰地思考生活的任何方面，搞不清自己身上到底发生了什么。

认清你能走的两条路

我现在知道，这时候你有两种选择——走下去并待在谷底；或走下去然后爬上来，并学着再次信任他人。这也是我写这本书的主要原因，真希望当时我能得到这个建议，我需要这些话来鞭策我。它可能是你遇到过的最糟糕的事情，在那种时候，往往真的是糟糕透顶，不过就像我之前深深感到的那样，你会挺过去，继而有机会设计崭新的未来。一切都只为了你。

尽管你将毫无疑问地陷入混乱，但对于那些来咨询我并说“我不确定是否应该继续这段关系”的人来说，了无遗憾是第一阶段。这个阶段的重点是要花些时间，确保你清楚地知道自己走出这段关系的原因。你已经为这段关系投入了大量的时间、爱和情感，所以应该用同等的精力去考虑，至少不能简单地弃之不顾。

其实，一旦分手，关系就结束了，大多数人不愿意接受这个观点的主要原因是，他们不清楚自己是否太草率了，尤其在牵扯孩子的时候。

了无遗憾阶段会有两种结果——你的婚姻得到挽救；或你认识到这不可能。这是整个过程中的关键部分，我的大多数客户通常会在这时候来找我咨询，他们当时正在权衡，这段关系是否还能挽回。一旦你考虑到这一点，并确定在接下来的3个月里开展我建议的练习，完成所有你认为需要修复的事情，那么你将更加明白事件的状态，并做出明智的决定。虽然这一阶段没能让我的婚姻起死回生，但它确实让我更加清醒，帮助我认识到我的婚姻确实了结了。我意识到，我对此无能为力，它就是这么一去不复返了。

在理想情况下，双方都应确定问题所在，并尽可能纠正这些问题。如果你的伴侣不肯合作（像我的前夫一样），你可以自己做，但除非你们俩都尽力，否则你成功的概率很有限。

我的练习可以增强凝聚力，或确认关系已经破裂

在我的诊所里，我和那些自己的伴侣不愿意参与练习的客户合作，扮演他们的伴侣。我们一起制订计划，然后我的客户回去自己尝试。做过这个练习后，确实有一些客户和伴侣的关系更亲密了，非常开心地生活在一起。我自己的情况是，做完所有我能做的事情后，我知道自己永远无法成为他真正想要的那个人。他以前已经给了我足够多的暗示，但现在我感觉有了证据，证明那不是我未来的生活。正如作家苏珊娜·芬尼莫尔（Suzanne Finnamore）异常精彩的描述：

> 记得在一个孤寂凄凉的周日夜晚，我在思索，我就要这样度过余生吗？和一个总是三心二意还有点不满足的人结婚，就像隔壁房间要举办一场妙不可言的聚会，他可能会参加，但和我没关系。

我不能说我的处境如此良好——我丈夫明确表示，他不想和我一起生活了。他既不珍视我也不爱我，当这状况真的触动我时，我明白自己需要做出改变了。

去，还是留，这是个问题

“一次性/随意性”在我们的文化中占据着重要地位，这种文化鼓励我们，若不喜欢某样东西，就换掉它。我们相信，当情况变得棘手时，我们不必忍受苦难或耐心面对。我坚信名人文化对我们没有帮助，我们在媒体上看到名人结婚生子，然后离婚，仅仅几周后，又遇到另一个人，并开始新一轮的“从此过上幸福生活”。这不是现实，这是公关假象。一般公众对“羽绒被日”①（duvet day）并不知情，他们整夜哭泣，泪眼模糊，想知道到底是谁出了错。

除非你被配偶抛弃（这种情况下你别无选择），否则这将是你决定这段关系是利大于弊还是弊大于利的时刻。这个阶段举足轻重，你要确保自己清楚走出这段关系的原因和刺激因素。我们总是需要一个契机来把自己推过犹豫不决的界限，从而坚决果断地做出决定。就我而言，这件事是，我怀疑他有外遇。

练习：了无遗憾

在3个月内投身于尝试各种能够挽救你们关系的事情。下面的问题是关键，如果有可能，最好由你们二人共同回答。你应该在你的行动计划中写下这些问题的答案：

1. 我们对彼此关系中的哪些方面感到快乐？

2. 我们希望改善哪些方面？

3. 我们能做哪些具体的事情来使状况好转？

---

① 一些雇主为雇员提供的正式休假津贴，若雇员不想工作，可休息一天或几天。——译者注

4. 在3个月内我们各自该承诺做些什么？

____

交流与沟通

第一件事是确立交流与沟通的方式。你们俩都要首先陈述，什么事情能让你们感觉彼此相爱——例如，“我喜欢早晨时你送一杯茶到我的床头，因为这让我感受到爱”或“这个清单上列的事情都与我们夫妻/家庭相关，我都喜欢”。要用“感觉”这样的情感词汇，因为它能阻止彼此指责。

接下来要涉及让你不开心的事情，记住，同样的措辞也适用于消极方面——“你有没有意识到，你这样会让我有哪种感受？”这种词句让对方有机会以一种平和的方式认识你的感受。在“了无遗憾”的练习中，保持开诚布公的沟通极其重要，这能确保对话不会变成单向唠叨，即一方对于对方让自己不愉快的所有事情喋喋不休。请记住，这点注重的是要有建设性，而不是从吐槽中获得乐趣。

这个练习所要展示的是，对于同样的场景，每个人的反应方式各有不同，很有可能你的另一半完全不知道自己的言行对你有何影响。你的伴侣在知道他/她的行为给你带来的感受时或许会大吃一惊。这样做能让你看清你们的关系，这是非常必要的，同时也能帮助你制订和改善计划。值得强调的是，即使你的前任不愿意参与这个过程，如果你改变了自己的行为，很可能会发现他/她也有所行动。他/她一旦确信你是认真的，就会受到驱使，同样加倍努力。

你们俩将承诺做什么？

把你们俩未来3个月内要做的事情列个清单。不论大事小事，都由你们自己选择，并且做起来要心情舒畅。至少要找到3件你们能完成的事情。如果清单太长，你们可能会觉得压力太大，所以将其限制为最多5项，以使它具有可行性。

在尽你所能地做了3个月的努力后，你将能更好地了解自己是否愿意留在这段关系里。

这个练习的成功案例有很多。在走进我的诊所时，很多客户相信他们已经没有回头路可走了，只是参与这个过程，使自己变得比以前强大而已。其中有一个突出的例子，一位男性客户在绝望中来找我，他与妻子的婚姻维系了30来年，她却突然宣称他们的儿子上大学后就要离开他，时间大概只剩6个月了。他开始胆战心惊地倒数着日子，直到来我这里咨询。我们讨论了整个事件后，他决定独自实施“了无遗憾”这一步骤，以重获控制权。他认为，如果能改进自己处理他们之间问题的方式，他就能产生可喜的变化，这样他妻子可能会愿意留下，婚姻问题也就得到了解决。事实证明，只做了几周练习后，他的妻子就注意到了变化，而且决定也来找我。他们一起接着做练习，并实现了更开放的交流和沟通。几个月后，他们的一个好朋友突然去世，他妻子也丢了工作，按道理说，这两件事都会让他们的关系变得紧张，但由于他们之前做了一些努力，记住彼此喜欢的东西，所以拉近了双方的距离。他们仍然非常快乐地相处着，坚信这个过程最终能帮助他们解决问题。

有些人可能知道自己所处的关系中有些事情不大对头，但不确定这意味着什么，也不懂如何处理。本章中的“了无遗憾”练习应该能帮助你解决这个问题。

分手迫近的迹象

你如何得知自己正朝着离婚或分手的方向走去？有哪些征兆？

在成长过程中，我们都梦想遇见理想的伴侣，结婚，从此过上幸福的生活。终于结婚后，我们常常感到如释重负，不再维护我们的关系。如果你想有一个成功的婚姻，那么和生活中的其他领域一样，你非常有必要付出同样的努力来维持健康的关系。

我们对待婚姻和事业的不同态度很有意思。我们都认可，必须认真工作，尽最大努力克服困难迎接挑战。我们也承认，必须力争提升自我，做到最好。遇到问题时，我们必须和其他人合作，不能表现得像个愤怒而任性的孩子，或以无礼的方式对待同事。

但是轮到婚姻时，我们往往只是希望它能正常运转，而不像对待事业那样付出同等的努力来持续改善。如果我们与伴侣意见不合或对他们感到失望，通常的做法是诉诸争执，而不是我们在工作中常用的合作策略。最近我的一个客户在孩子睡觉时间的问题上和爱人发生了分歧，她4天没和丈夫说话并对他日益不满。可沟通的减少更对解决问题没有帮助。你想象一下，如果她在办公室这样表现会怎样？同事们肯定不会容忍。

你正走向离婚的5大征兆

1. 你怨恨你的伴侣，并且没有意愿去解决这个问题。

2. 你开始对伴侣以外的人怀有感情。

3. 你更希望伴侣晚上外出。

4. 你不想再和你的伴侣做爱。

5. 你对你们的关系毫无信任感。

这些都是“你需要停下来专注于你的婚姻了”的警示信号。婚姻不会自我修复，如果你想避免让事情变得更糟，那么需要抽出时间来解决。如果任由问题长时间存在，你就将走向我所谓的“心意突变时刻”（见术语表）——这时就没有退路了，事情已彻底改变，你不再会感受到伴侣的吸引力了。如果你容许你们的关系中积蓄怨恨、失望或苦恼，那么这个时刻会到来的。

我的一位客户深爱了丈夫4年，愿意为他做任何事情。尽管他对她并不总是很好，还经常伤害她的感情，可她却始终如一地努力使他快乐。她没告诉过他自己有多不安，因为担心他会离开自己，她无法想象没有他的生活该怎么过下去。然而有一天，发生了一件特别伤人的事，引发了某种变化。她的“心意突变时刻”降临，她突然不再爱她的丈夫，再也无法忍受他的亏待，便离开了他。

下一步该做什么?

那么，你在看到了即将离婚的警示信号后能做什么呢?

• 与你的伴侣交谈——沟通是解决一切问题的关键。

• 担负起责任——为了解决所有问题，你们不能只是相互指责。

• 你们俩都要接受这个观点，两人共同参与才能让关系正常运转。

• 退后一步，观察一下整体形势。激烈的争吵容易让人陷入无关紧要的细节漩涡。如果你需要考虑孩子的话，这一点尤其重要，因为离婚会对家庭产生重大影响。

• 计划花些时间进行高质量的共处。安排一些快乐时光非常重要，你们可以一起欢笑、放松、享受彼此的陪伴。

• 接受指导师的建议。离婚应该是你最后的选择，因为作为一种逃离的路径，不管它在一些时候看起来多么吸引人，都是一个创伤性的过程。

重要的是不要盲目乐观，要直面你在婚姻中遇到的任何问题。把头埋进沙子只能拖延问题，而且往往会把小困难拖成更大更有挑战性的麻烦。任何关系都会发生起落,有时也存在“走到悬崖边上”这种考验时刻。如果你能睁大双眼，就能和你的配偶共同努力，为你们和你们的家庭做出最佳决定。

如果你已完成上述所有事情，却仍然觉得没什么可再努力的了，那就是时候承认，情况不会转好，需要准备改变现状了。

至于我，当时我坚定果敢地观察形势，最终看清坏处多于好处。这感觉相当痛苦——冥思苦想后得出结论，婚姻的终结就是放弃“拥有无条件的幸福”这种想法。我以前不认为这会发生在我身上，也不希望这样。我的失望感和挫败感立马涌上心头，感觉被压垮了，但有一件事我能坚持，我知道分手是唯一出路。我只要确保一切都井然有序，不要仓促行事，也不要让情绪支配理智。我必须以正确的方式放手，寻找一些应对策略来帮助自己持续专注。大脑是一个让人难以置信的多任务处理工具，你会惊叹于它能同时处于崩溃和战斗两种模式。我遭到了背叛，但我知道在做出任何草率决定之前，我需要保持清醒，制订出我的计划。

你的潜意识和意识

在走上这段旅程时，你必须诚实面对关系中的警示信号，这涉及在考虑事情时，将注意力从潜意识转向意识层面的问题。本书和我的辅导工作的关键是帮助你了解自己的行为模式，看看它们是在帮助你，还是在阻碍你继续前行，或是妨碍你从分手的伤痛中恢复过来。这些行为大多会在无意识中发生，所以本书将协助你识别你的行为，并告诉你如何将它们转换为更有建设性和更积极的行动。重要的是理解这些情绪，不要让它们击垮你，使你无所作为。

意识层面是指，当紧急情况发生时，你会有意识地思考所处的境况和形势。这时我们会与自己对话，希望做出理性的决定。而潜意识则保存了我们过去形成的所有行为模式。我们多半不会意识到它们的存在，这就是问题所在——它们就潜伏在那里，悄悄地溜进我们的日常行为中，不让我们真正注意到，就像是对现状自动、即时的反应。在现实生活中，它们的基本体现是——我们每天会在站台的同一地点等车，走同样的路线去上班，在同一时间吃午饭。在最复杂的情形下，它们已渗透进了我们的情感生活，结果是我们会不断重复过去那些不健康的模式。心碎意味着我们的内部服务器宕机，一切都变得混乱不堪。但是震惊的感觉一旦消退，身体和心灵就会重新携手，让你能够考量下一步，那时，你就可以开始思考和行动了。第一件事是要完全确定，不论形势有多严峻，你最终肯定是要离开的。

决定离开

一句话可以开启或终结婚姻。要回答“咱们结婚吧？”这个问题需要多少深思熟虑啊，而“我想要离婚”这句话则伴随着高度激动的情绪、无可遏止的愤怒和尽可能伤害对方的愿望。请试着记住，每个人都会以自己的方式经历这个阶段，你只能做适合自己的事情，没人能因此评判你。不论出于何种原因，你或许会认为自己最终不可能勇敢地做出离开的决定。有些人就是没法让自己永久地分手，另一些人则因为更多实际的原因而选择再多逗留一段时间。我肯定是落入了第二阵营。干净利索地分手通常是处理这种境况的理想方法，但现实并不总是这样，尤其是就我自己而言。

尽管我认为自己已经知道了丈夫的背叛，却没有马上要求离婚，我拒绝相信，并伴随着它经历了一切。我感到羞耻而窘迫，所以我把自己封闭起来并开始制订计划。我不再和朋友聊天，不再接触任何人和事，进入了全方位的自我保护模式。我现在认识到的部分问题是，我当时并不认识很多离过婚的人，我是圈子里第一个婚姻失败的人，甚至觉得自己是世界上第一个离婚的人。

因此我的方式是待在原地思考。相信我，在破碎的环境中生活并不容易，也不健康，但我觉得这是我唯一的选择，直到我终于能够面对我破碎的心灵，寻求对未来更好的理解，以及建立一些支持系统来帮助自己应对离婚带来的所有变化。有些人能轻松下定决心、做出反应，那当然好，但我需要一些喘息的空间。有时候，立即做出反应并走出婚姻或许会带来一些本可以避免的长期后果。对一些人来说，这是唯一的选择，但对其他人来讲，留在原处，待一切安排妥当后再宣布离开的决定可能更好。我的情况比一般的分手要复杂得多,因为我前夫和我还是生意伙伴，那意味着个人事务和财务都紧密交织在一起，离婚不仅影响我们俩，还会波及很多其他人。在非常想感情用事的时候，我不得不果断处理实际问题。陈述我的复杂情况只是为了强调本书所讲的下一阶段的重要性——确保你在自己身旁建立了合适的团队。

无论你的处境如何，最主要的是做出决定，并花时间确认这个决定适合你。不确定性会让你陷入瘫痪状态，把你困在过程的开始阶段。请记住，你走得多慢都没关系，只要别停下脚步。接下来我将帮助你坚定自己的选择。

第 2 章

组建你的支持团队

一扇幸福之门关闭时，另一扇将会开启。但我们常常经年累月地盯着这扇关着的，而看不到那扇已经为我们打开的门。

——美国作家、政治活动家和讲演者
海伦·凯勒（Helen Keller）

你一旦做出离开的决定（即便那是在别无选择的情况下决定的），首先要知道的也是：几乎所有焦虑和压力都来自对未知的恐惧，以及如何处理摆在你面前的各种改变人生的事件。作为一名离婚指导师，我的一个重要职责是引导客户看清未来，帮助他们缓解和管理混乱的感觉、焦虑和压力。我帮助客户做的第一件大事是组建支持团队，这是由一群能够提供支持的人构成的网络，可以在很多不同的领域中提供实际生活和情感方面的帮助。

找一位法律顾问

把生活拆分成两个部分是件大事，你需要一位掌控大局的关键人物陪在身旁，那就是你的法律顾问。如果你要离婚，或是从一段有相处已久的爱人和孩子的关系中走出来，那么法律顾问必不可少。我特别建议你，和你喜欢的人共事。你可能会花大量时间和这个人在一起，还不得不吐露很多个人细节，所以至关重要的是，和这个人在一起要觉得轻松而安心，并且感觉他 / 她是站在你这边的。

不要想当然地认为最贵的律师就是最好的。世上有很多不同的事务所，适用处理各种可能的情况，时薪并非唯一的决定因素。最重要的是认识到，你选择的律师将为你的离婚定下基调。如果你选定的人以好斗闻名，那就要做好局面会变得无法收拾的准备。如果你希望这个过程平和而友好，那么就找一个能够在法庭外处理离婚事务、有良好记录而且行事温和的人。正确的选择至关重要，所以不要见到第一位律师就产生签约的压力，放开胆子多问些问题。初次会谈也可以带朋友一起去，他们可以为你做些笔记，这有助于你做出最终的选择。

你需要有个人来保证你始终走在正确的轨道上，因为处理失去生活伴侣这种事会非常辛苦，而你不能让界限变得模糊。最终，你的律师将确保你得到应得的部分，帮助你做出改变人生的决定，当时你或许觉得这不可能，但它最终会带来影响终身的结果，比如住在哪里，如何公平地分割财务，如何处理孩子的养育和探视问题。这是你重建新生活的重要部分，你需要采取切实可行的方法来实现这一目标，比如得到金钱和安全的居住地。独自生活后，你将走上人生的新阶段，这对于你来说可能是平生头一遭。即使未来看上去比你过去习惯的生活要暗淡凄凉，你也要搞明白什么能让你做出更好的规划，给你最重要的确定性。不落实这些事情，你将无法完成整个过程。

切实处理法律事务

以下是开始处理法律事务后，我建议做的事：

1. 寻求建议，研究律师擅长的处理方式。有些人倾向于诉诸法庭，另一些人则不惜一切代价避免发生冲突。不要仅因为某律师在你朋友的事情上处理得好就选择他。要求在初次会谈时和他的下级员工见面也是个好主意。有时你会发现，你最主要的联系人是他的助理，你也需要和这些人建立良好的关系。

2. 把离婚的法律事务当作工作来做。把你的情绪放在一边单独处理。以情绪化的态度对待离婚会使事情变得被动而具有刺激性，从长远来看毫无帮助，而且代价很大。
3. 向你的法律顾问了解他们需要你做什么，然后照做。离婚可能涉及很多文书工作，你自己做的准备越多，你的律师工作起来也就越快、越容易。
4. 要求定期更新你的账单，清楚律师收取的费用。
5. 不要全身心投入到离婚上。其他生活上的事情也需要关注，它们能分散你的注意力，这是你非常需要的。此刻工作、健身、孩子和业余爱好似乎很难同时兼顾，但它们将给你带来不同的关注焦点。

选择一位财务顾问

有了合适的人选来帮你处理法律事务后，最好再找一位顾问来处理你的具体财务问题。你可以在网上查找，也可以请律师推荐，他们手里会有可信赖的专家资源，能在离婚过程中的特定部分发挥作用。

我不是说每个人都像唐纳德·特朗普（Donald Trump）那么富有，财产都是相对的，但你仍然需要知道你现有的资金能做些什么。这时候关键是要量力而行，了解你前方的实际生活到底是什么样的。有时候并没有分割钱或资产的必要，但你仍然需要制作财务计划，以展示未来的财务状况及你可能需要做出的改变。那个人会评估你的资产，告诉你如何使之最大化。一位值得信赖的独立财务顾问对进行下一个步骤是非常重要的。正如我的情况，如果经济方面的情况非常复杂，你就必须获取最好的建议，因为这些事情会伴随并影响你余生的每一天。拥有一位你可以完全信赖的人能减少你承受的不确定性和压力。即使你的情况简单而直观，制订计划也是个好主意，尤其在离婚会严重影响你的财务状况的情况下。你可能不喜欢他们对你未来财务状况的描述，但是通过制订计划，你可以找到方法使它变得更好。对自己的财务状况了如指掌会赋予你力量。如果你需要创造更多的收入，你就会知道自己的具体需求，并能计算出需要填补的缺口。如果你只是把头埋在沙子里，那么事情可能会变得更糟。

请记住，即使是最友善的夫妻，也可能在财务谈判中变得针锋相对，所以你必须把情绪收起来，让你的团队就位。

那些在法庭上就财务问题撒谎的人

要是你的伴侣在法庭上就共同财务问题撒谎怎么办?

可悲的是，我经常听客户提到，他们相信自己的伴侣在法庭上提供了虚假的财务信息。如今，撒谎并侥幸逃脱处罚易如反掌，因为调查并揭示真相极其困难，更不要说费用还贵得要死。

我对这些案件的经验大多来自已决定离婚的高净值（high-net-worth）夫妇，丈夫一直是家里的经济支柱，在整个婚姻存续期都管理和控制着财务。妻子对银行账户和历史数据的访问权很有限，因此依赖于丈夫提供的信息。

当然，有些案例中的角色正好相反，妻子是主要收入来源，不过在我的诊所中，这种情况并不常见。

令人痛心的是，即使是在最友善的氛围下分手，在开始谈论金钱时也会变得令人讨厌。显然，离婚会对大多数人的生活方式产生财务影响。这似乎对一些人构成了威胁，以至于他们会不遗余力地剥夺另一方的合法权益。

有些人可能会颇为震惊，他们曾如此深爱而关心的人居然能这样不友善，不愿意公平地为他们提供未来所需要的东西，尤其在他们牺牲了自己的事业来支持对方或抚养小孩的情况下。对于另一些人来说，他们预料到前任会要肮脏的把戏，并为揭露真相而斗争，但这仍然会让人痛苦不堪，而且非常耗费精力。

如果资金的去向记录已完全被抹掉，即使是最优秀的法务会计师也很难证明财务上的不实之处。在某些情况下，财务状况总会发生这样的事情，即如果发生离婚事件，钱就永远不知所踪。根据我的经验，法庭很难处理财务方面的谎言和欺诈，因为他们只能根据当时提供的证据来判断。一方可能声明另一方没有完全披露所有资产，然而如果没有证据，他们的案件就没有获胜的希望。在我看来，这个阶段最好实话实说，因为你的决定将一直伴随着你的生活，做正确的事意味着你可以昂首挺胸，了无遗憾地向前迈进。

大多数家庭律师事务所都与法务会计师有合作关系，以确保他们对客户尽职尽责。有时候，银行对账单中的一条小破绽可能会引出一个宝库，但如果某人有足够的决心，真实情况往往会被巧妙地掩盖起来。

财务危机

正如我经常看到的那样，财务安全受到威胁时，很多人会露出动物的本能。这里有一些技巧可以帮助你做好准备：

• 要明白，讨论财务问题时，即使原本良好的关系也会变得紧张。

• 寻求好的行动建议，因为你现在做出的决定会影响你的未来。

• 不要因为感到难过、愤怒或甚至遭受欺凌就放弃努力。要保持坚定的立场，为你的合法权益斗争到底。

• 不要立刻反击和回应。花些时间仔细考虑你该如何回应，并获取正确的建议。

• 请记住，任何在财务方面的不愉快都不能否定你们曾共享的美好时光。

来自家庭和朋友的支持

精心选择家庭成员和朋友非常重要。我们经历的任何艰难时刻都需要最亲近的人的陪伴。一旦发生分手事件，你需要很多可靠的肩膀来倚靠，需要他们给出切合实际的建议。如果你的伴侣已经去世，你就不会再三考虑寻求帮助。请记住，一场出乎意料的离婚或分手与丧亲之痛并无太大差异，只是换了个名称而已。

把一切埋在心里对你毫无帮助。之前我的一个客户和丈夫分居，他搬了出去，而她隐瞒了13个月没有告诉任何人！在这个案例中，社会和宗教差异构成了极大的障碍，强化了因婚姻破裂而产生的羞耻感。她觉得别人会说她是失败者，最终，她认为还是只有自己知道更好过些。

她来我这里咨询时，我们做的第一件事就是坐下来设计一套策略，把她的状况告诉那些和她关系亲近的人，因为她长时间的隐瞒会令他们感到伤心难过。我们讨论了这个问题，确定了那些最会感受到伤害的人，然后做了几次角色扮演，这样她就能清晰而真诚地解释她的欺骗行为，并说出她的羞耻感。如果她告诉了合适的人，那么她就能够获得帮助。

你认识的人可能会表现得与以前大相径庭，你要做好应对准备

遇到任何极端情况时，人们起初会很有兴趣，他们渴望帮助你，理解痛哭的你，尤其在当你是受伤的一方时。但之后，当戏剧落下帷幕，这种状况会发生变化。如果一开始就被消极的人群包围，你可能会发现，你将很难把自己的注意力从过去转向未来并继续前进，所以，不要再谈论往事。找到新的关注点很重要，讨论新生活的积极面，而不要老想着残存的关系，总是提醒自己与之牵扯的痛苦。

如果你依然和你“成双成对的朋友们”关系密切，那么这一点就更显得很有道理，他们会经常觉得有必要留意可能引发分手的环境。很多人对此有所低估，其实你的圈子里有许多人会密切关注你并担心自己也会分手。这样说有点开玩笑的意思，不过事实是，如果你们是在差不多的时间里结婚生子的，那么来自第一对离异夫妇的痛苦分手经历很可能引来周围人极大的兴趣。每段关系都存在酸甜苦辣，但如果你和你的伴

侣分道扬镳，那很多朋友可能会就此认识并直面这个现实问题，即如果你不付出努力，婚姻就会破裂。这将令他们害怕，尤其当他们的状况（孩子尚小、工作忙碌）和你一样时。对有些人来说，你将激励他们产生新的动力，下决心更加努力对待自己的关系；而对另一部分人来说，你会切实推动他们离开让他们痛苦的联合体。这是朋友圈子真正的转折点，它也可能使你这个新晋单身人士陷入困境，不过难题还在后面。

父母和我互相担心

离婚期间，父母给了我极大的支持，但我对此也有我的担忧。我发现父母在我离婚过程中承受了巨大的压力。他们从头到尾都表现得非常棒——一直在我身边，给了我无限的关爱和支持。但我知道，他们看到我这样狂乱的状态该有多难过。作为父母，不管自己的孩子多大年龄了，你想要的就是让他们幸福快乐，我破灭的梦想让他们心碎。当我度过最初的惊扰时，我开始担心我的离婚会对他们和他们的生活产生影响。

我需要他们的帮助，这感觉像是某种倒退，让我在心理上很难承受。结婚是成长的终极仪式——你感觉自己已长大成人，有责任打造和另一个人的共同生活，并创建和经营自己的家庭。我应该创造我自己的传统和家族史，然而，我却趴在我父母的身上抽泣，需要他们抱住我、照顾我。我父亲帮我处理让我感到崩溃的法律事务；我母亲则一直给予我和我儿子情感支持。尽管他们让我安心，但我还是颇感内疚，因为他们已经到了受我宠爱、支持的年纪，却在齐心协力地扶持我。

我的一些客户因为经济困难而不得不搬回父母家，在他们30、40、50岁时住回自己童年时的卧室。

支持你的人和不支持你的人

我感觉自己回到了起点——没有丈夫、不确定的财务状况让我在第3和第4阶段间悲痛地徘徊，讨价还价且抑郁沮丧（见引言中所述的治愈周期）。但这也让我想起建立自己的人际网络的重要性。你需要一个广阔的人际圈，因为不是每个人都能帮你做任何事情，我也不想一直依赖我的父母。我确实有一些朋友，但同时也有另一些人令我大失所望。我的工作和私人生活盘根错节，使得事情更加棘手。我将永远不会忘记我善良的私人助理，当时，这位好人像一缕阳光，为了照料我而倍加努力；我最好的朋友觉得这个事件可怕得难以想象，但实实在在地给了我帮助和支持；也有一些人我本以为可以依靠，结果并没有帮助我。你真的不知道谁会站出来，而且结果通常会出乎你的预料。我的经验告诉我，建立人际网络是多么复杂，这让我进入了下一步，也意味着你不必非得过分依赖你的朋友和家人。

找一位指导师或治疗师

指导师与治疗师之间有显著差异。我是一名离婚指导师，我所做的就是坚定地面向现在和未来。指导工作具有前瞻性和主动性，所以总是要求你采取行动来实现你的想法和观点。我们将花时间探索你所面临的事件和挑战，但不会恋恋不舍地停留在过去。过去的经验教训将影响你采取行动和承担责任的方式，从而为你的生活带来积极的改变，促使你向前推进。

治疗工作则完全不同，通常更多地重视过去，而不专注于解决问题。有一点很重要，在我的指导下，你会带着一份行动计划（见引言中的行动计划部分）离开，里面包含了各个行动点，将改变你的关注点并立即产生结果。指导和治疗工作都起着重要的作用，可以很好地结合在一起。我的指导旨在帮助你用自己的双手夺回你的生活，并向前迈进。

这两种支持系统都有明显的优点——指导师和治疗师事先都不认识你，而且都没有偏见，这意味着他们能够完全客观地对待眼前的情况。拥有专门关心你和你的福祉的人是非常重要的。如果你有孩子，并且将所有的注意力都集中在让他们走出你们分手的阴影上，指导师和治疗师就尤其重要了。你的离婚指导师将给你明确的步骤，使你保持坚强，继续前进。我的客户和案例各有不同，虽然我接手的很多人都处于犹豫不决的第一阶段，但在整个过程中，人们会在各个阶段来找我咨询。

离婚指导师能帮你什么忙?

- 如果你在苦苦挣扎，寻求帮助是个好主意，那样做完全没有问题。离婚指导是个相对较新的概念，它能为你做的工作如下：
- 为你的需求设置界限——有些客户只来我这里咨询一次，而另一些只要有需要，每隔几周就会来一趟。我的职责不是使你依赖于我提供的技巧，而是帮助你重新获得控制权。
- 我提供“离婚辅助服务”(paramedic for divorce service)，你可以在非工作时间打电话给我，因为这种时候你无法联系你的律师或治疗师。在我离婚期间，我常常在周末和晚上焦虑不安，在那些时候，非工作时间的服务会是救命稻草。你在选择指导师时需要调查一下对方能否提供这类服务。

- 准备好与你的指导师进行艰难的交谈——每个处于离婚边缘的人都需要真正了解自己的处境，然后为了未来采取行动、武装自己。看到一份白纸黑字的待办事项清单有助于你集中注意力。
- 每位客户都需要为指导师制订的行动计划提交时间框架。指导师会创建一个列表，包含多个小的简单步骤，你遵循这些步骤来帮助自己继续前进。列表中还列出了各项应完成的特定事项对应的最后期限（见引言中的行动计划示例）。这样你就会拒绝在被窝里蜷缩成一团，侥幸希望事情能自行解决。你要明白，除非你做点什么，否则事情是不可能解决的。

找个健身伙伴一起锻炼

在这段日子里，体育锻炼将起到重要的作用。不需要强度很高或严酷的锻炼，但得让你锻炼起来，感受到积极的改善。参加健身班可能会给你动力，瑜伽和普拉提是放松心情、让你能反观自我的好方法。

离婚期间，我每天都会留出一定的时间去健身房、跑步或散步，帮助自己保持头脑清醒。在这段时间里，我可以摆脱无数需要交谈的人、需要担心的事情以及在我脑海中盘旋的所有场景。我会戴上耳机，聚焦于变得强壮，听着振奋人心的音乐，致力于思考自己的幸福。

我变得非常依赖于我的健身计划，它给了我独处的空间和时间，让我觉得自己能掌控局面，而事实并非如此。找人共同锻炼将使你多一个朋友，获得额外的推力，还能让你们共度一段不会为你的前任哭泣的时光。有伙伴陪在你身边、鼓励你，一切会变得大不相同。

整理你的信息

你将注意到，综上所述，虽然分手带来了混乱，但当你充分思考了你的支持团队时，你会觉得更加稳妥和安全。完成下面的练习，你将实现这一点。它会让你安心，明白自己在各个方面都有人支持，他们对你几乎有求必应。

练习：建立你的分手支持团队

既然你对那些可以支持你的重要人物有了一些想法，那就写下你的分手支持团队成员列表吧：

1. 法律顾问
2. 财务顾问
3. 朋友和家人
4. 指导师或治疗师
5. 健身伙伴

拟好清单后，你要联系上面的每一个人，解释你的需求。这能帮你确认自己对这些选择是否满意，并能让他们了解你需要什么样的支持。在正式聘用律师和财务顾问前，你应该和他们见面。我强烈建议你在选择恢复团队中的重要人物时进行面对面的会谈。我有一个客户，在电话里谈了20分钟后和一个律师签约了，结果在第一次会谈时就意识到彼此不搭，感觉很难敞开心扉地交流。这位律师让她感觉自己像是传送带上的货物，在那次让她感受到巨大压力的会谈中，律师没有表现出任何同情，她告诉我的客户，只要专注于钱就好了。当然，每个律师都理应要求你聚焦于实际的一面，可要是你的伴侣去世了，没人会要求你控制自己的情绪，做到举止如常，而我坚信，离婚的人也一样敏感，应该受到同样的对待。

一定要把你的分手支持团队里的所有成员的联系电话都存进手机，紧急情况下你应该会需要他们。把这一点加进你的行动计划中。

在意识到分手已无可挽回时，我做的第一件事就是寻求专家的帮助。之前我从未向任何人吐露过我的婚姻有多糟糕。我羞于承认，我的“完美生活”与人们对它的看法差着十万八千里，而且我还身心俱疲，无法让它正常运转。我们给人的印象是这样的：这对“完美夫妇”带着个漂亮孩子组成出色的家庭，经济独立，还自己开公司。可是现在，这一切都变质了。我深吸一口气，向朋友诉说了这一切。我向她咨询律师的事，她把我介绍给了一个人，那人和我谈到要经历严酷的未来。我迈出了第一步，并学到了一些知识。

屏蔽消极的人

寻求建议和支持很重要，虽然失去伴侣会使你孤立无援，但还是要对你信任的人保持警惕。远离消极的人是个好主意，他们会消耗你的能量，我称他们为“能量吸血鬼”（见术语表）。这些人会让你感到不舒服、疲倦，甚至稍微和他们待一会儿，你就会觉得还不如自己独处呢。如果你无法避免与他们见面（比如在工作中），那么要尽量有意识地缩短交谈时间，并避开个人话题。这同样适用于那些不支持你的家人。不要告诉他们你的个人信息，保持友好和礼貌的态度，但坚决维护自己的底线。把这些人记下来，当你遇到他们时，这会提醒你保护好自己，不要让自己陷入感觉更糟糕的境况中。

总会有一些人把自己的快乐建立在你的痛苦之上。一些我视为朋友的人似乎从我突如其来的心碎中得到了乐趣，这让我震惊不已。因此你要明白，不是每个人都会同情你。你如此脆弱，唯一能做的就是避免接触他们，比如在社交媒体上和他们中断往来。不用顾虑，你以后总是可以再联系他们的。

在分手的初始阶段，想要逃避现实，一味琢磨可怕的关系残骸是没有帮助的。你需要保持积极和活力，而不是听别人说你的前任去了哪里、在和谁约会，再次体验心碎和消极的感觉。

现在，你的团队就在你身边，你已准备好克服前方的困难了。

第 3 章

如何应对过山车式的情绪起伏

我们必须愿意放弃我们计划中的生活，这样才能拥有未来。

——美国作家约瑟夫·坎贝尔（Joseph Campbell）

除非亲身经历过，否则你很难说清楚一段长期关系破裂产生的情绪影响。我自己体验过，感觉就像被车碾过一样——即使那是你自己的决定，它也会击倒你，把你狠狠摔在地上。就算是你先提出的，你也会和那些突然收到毁灭性宣告（“我们结束了”）的蒙在鼓里的人一样，感受各种情绪。一段关系的破裂会带来各种各样的情绪，毕竟，心碎在某种程度上大多与对过去承诺的背叛有关。这是一个过去许下的对未来的承诺，你本以为你们会一起信守。

你们中的一些人清楚分离即将到来。或许你已仔细考虑了数周、数月，甚至数年。它可能是一种渐行渐远的分离，也可能被环境中突然发生的变化所触发，比如孩子出生或婚外情暴露。有些人则会突然遇到出乎意料的分离。但是不管你处于何种状况，最初的分离都将让你走上提心吊胆的未知道路，你应该沿路走下去，同时体会这样的感觉——你没有能力自己洗头，或从沙发上站起来后不知道要去哪里。极具讽刺意味的是，当你最需要能量和力量的时候，却觉得自己一无是处，这就是你需要阅读本书的原因。

警惕破坏性的模式

我们从一段长期关系中走出来时，大多会面临这样的挑战——我们需要时间来恢复并继续生活下去。我们会花上好几个月在大脑中反复思索发生的事件并分析结果。分手之痛可能会持续很久，有时，它似乎永远不会彻底离开我们。我们的自信和自尊常常会受到伤害，怀疑自己能否再次听到“我爱你”这三个字，甚至疑心自己是否还会对别人说出这三个字。我们想知道自己到底出了什么问题，如果能再次感到快乐和幸福，为什么它没有如我们所希望的那样出现呢？

要提防破坏性模式，它是处理分手的不健康方式，内容包括：

- “情感压制”，换言之，不允许自己存在负面情绪。你要让自己感受悲伤和愤怒，这是治愈过程中的重要组成部分，强行克制会阻碍你的康复，让你始终处于消极状态。
- 全身心投入工作中，不允许自己去解决发生的事件。
- 通过酗酒逃避你无法对付的各种想法。
- 沉湎于聚会，不想待在家里。
- 药物。药物可以让你逃避情绪，但它会使你心绪更差，并带来更多的问题，要是你因此上瘾，那就更麻烦了。有些人使用处方类抗抑郁药物来熬过这段时间，因为他们感到颓丧和绝望，害怕自己再也感受不到快乐。我不是特别提倡吃药，因为我不相信药物能解决问题。与之相反，我认为承认自己的悲伤感觉很重要，它是治愈过程中自然存在的一部分（见引言中治愈周期的第4阶段）。当然，你会觉得你的世界已经走到了尽头，从某种程度上说的确是，因为一切都已彻底改变。但请记住，你并不总会产生这种感觉，事情会慢慢变好的。在这个过程中，要让每种情绪都发泄出来，承认它并加以应对。从长远来看，这样做效果远比吃药要好。只有面对现实，你才可能放下它，开始新的生活。当然，每个人的情况都不相同，在你觉得必要的时候寻求专业帮助和建议至关重要。你可以从家庭医生那里入手，因为他们能够指点你或给你相应的治疗。

上述均为不该采取的应对分手的方式，它们无助于你的恢复，大多会干扰你生活的正常运转，带来不规律性、不稳定性和失眠，从而导致抑郁和疲惫，这反过来会使负面情绪变强。这是个痛苦的时刻，所以你需要照顾好自己，尽你所能保持身心健康和坚强。

认可你的各种情绪并与之和谐共处

在一段长期关系结束时，经历各式各样的情绪完全正常。显而易见，这些情绪将取决于你如何结束这段关系，以及你与前任的关系是否依然友好。不论你处于何种情况，你都可能在某个时间产生以下感受：

- 被压垮
- 愤怒
- 悲伤
- 内疚
- 背叛

- 孤独
- 恐慌
- 受挫
- 混乱
- 解脱

处理这些情绪的关键是不要害怕它们。直面它们，并审视它们给你带来的感受。这将消除对消极情绪的恐惧，减轻它们对你的影响。催眠大师保罗·麦肯纳在他的著作《让我为你疗伤》(*I Can Mend Your Broken Heart*) 中完美地描述了这一点：

> 情绪的唤起有点像有人在敲你的门捎口信。如果是紧急消息，敲门声就会很响；如果非常紧急，而你却不去理睬它，那声音就会越来越大、越来越响，直到你打开门，否则它会破门而入。不论哪种情况，情绪的强度都会持续上升，直到它彻底展示出自己的威力和效果。但是一旦你“打开门”，倾听这条情绪消息，并采取适当的行动，它就会自动消失。

认可情绪的存在并掌控它，它就会失去部分冲击力，你也就能与之保持一定的距离。如果你觉得事情在可控范围之内，那么焦虑和担忧形成的压力就会消失，这反过来又会让你看到，自己真的有可能拥有全新的未来。对不可控的担心越小，你就越能有更多的精力来重构一个“新的”你。正如我之前提到的，明智的做法是，要为“前进两步又后退一步”这样的困难时期做好准备。重要的是，记住你会出现倒退的情况，当你遇到一些事情时，眼前的世界就发生了变化，你会进进退退，一切就是这样发展的，这没什么关系。你万万不可沉沦并自暴自弃，你应该明确告诉自己，你过去在等待的只是一个短暂的偏离，你要欣然接受现实，并继续前进，直到好时光战胜坏日子。

关键是夺回控制权，如果你坐在了驾驶座上，那么一切都会变得更容易，你也能重获动力。下面的练习将帮助你专注于积极的方面，摆脱消极情绪。

练习：摆脱消极情绪

1. 在笔记本上写下所有让你心怀感激的事情，这会带给你快乐。我是积极思考的践行者，它对我们的眼界有巨大的影响。无论你经历着何种困难，在被当前的不利形势压倒之前，最重要的是记住美好的一面，即依然对未来抱有希望和积极的态度。庆祝你生命中所有的美好事物是让你感受乐观向上的最佳方式。感恩是一种有治愈力的情绪，它聚焦于美好的一面，能缓解你的消极情绪，让你重获安稳。它能减轻你的焦虑，让你远离消极性。请写下来：

我感激……

2. 现在把你能感受到的所有负面情绪列成清单。接受它们，让自己走上夺回控制权的道路，你将不再恐惧那些令人不快的感觉。

3. 选择清单上的第一种负面情绪，让自己花20秒时间专心体会它带给你的感觉。一开始你会感到不舒服，但你将发现，在允许自己体验这种负面情绪而不是回避之后，你就能消除恐惧感，抑制它对你的控制。在心里记下允许自己体会这种负面情绪时的感觉。

4.重复步骤3，处理清单上的每种负面情绪，总体时间不超过10分钟。在完成这一步后你将意识到，它并没有你想象的那么糟糕。

5.当你感觉自己已准备好了时，拿出你的“感激清单”来，在每一项上花20秒的时间，仔细体味所有让你感觉良好的事情。

6.现在大声重复以下真言：

“任何事情的发生都有其原因和目的。”

“有时候好东西会支离破碎，而只有这样，更好的东西才能聚拢过来。”

“我相信这是我的道路，隧道尽头会有光明。”

“我的内心充满力量，足以战胜这一切。我能成为更好的自己。”

每次你觉得被负面情绪压倒，或是感受到让你无法放手的害怕时，你都可以做这个练习。和我所有的技巧一样，这个练习的目的是让你继续前进，防止你被卡在某处。世间并没有带走所有痛苦的魔法棒，但我开发了这些应对机制，以帮助你不断努力，让自己感觉更好。

这项练习在实践中如何发挥作用

我的客户提供的一个惊人案例可以说明这个练习能使人改变且获益。她签约的律师事务所把她介绍给我，因为她非常生气，情绪难以平复。她丈夫为了他的私人助理而离开她已经一年了，她仍然拒绝签署离婚文件。她丈夫想再婚，继续他的生活，所以她使用拖延战术，希望以此惩罚她丈夫。

这位客户每天都生活在巨大的愤怒中，这影响了她的事业、孩子和健康。起初，她很难写出自己的“感激清单”，因为她对自己生活中出现的问题太过专注。而她确实有两个漂亮的孩子和卓越的事业，所以在我的鼓励下，我们成功地列好了这个清单。她需要它的帮助，否则会再次受困于负面情绪，卡在那里停滞不前。

正如我们所看到的，这个练习的目的是实现情感连接，放手过去并向前迈进。我的客户完成了练习，并意识到她的愤怒源于她害怕独自一人生活。在接下来的几周里，她多次直面这种恐惧，使自己的愤怒得到缓解，进而转化为悲伤。在承认自己害怕将来成为单亲妈妈后，她开始制订计划以应对前方的所有挑战。通过联想并回忆起让自己感激的事情，她设法恢复得更加稳定，看到更美好的未来。愤怒逐渐减少，几周后，她终于释然了，签署了离婚文件并以崭新的面貌开始迈步向前。她告诉我，摆脱愤怒后的她如释重负，甚至看上去更年轻了。

一些客户忍受着对方长期婚外情带来的屈辱，他们来找我咨询时完全不知道该怎么办。其实并没有绝对正确或错误的解决方法。原谅一个导致你心痛不已的人不是一件容易的事，然而，如果你不能放下痛苦，那就完全无法前进，也就是说，只有当你放下紧抓的包袱时，未来才会向你敞开大门。人们会做出不可原谅的事情，但你必须放手。

当你的伴侣对你不忠时，你真受了很重的伤。这虽然是感情上的疼痛，但依然能带给你真实而剧烈的感受，让你无法正常生活。那时候，很多人觉得他们永远不能原谅对方，因为无法饶恕背叛和失信。但你应该记住的是，怀着任何一种怨恨都像是自己吃老鼠药却等着老鼠死掉——这只能延长痛苦，像在伤口上撒盐。

始终憎恨他人或保持消极情绪只会烦扰你自己，而不是他人。它会消耗你的生命，而不是他人的。如果你怀恨在心，它将一直留在你的脑海里，你也永远无法自由地向前行进，重新找到幸福，就像看着后视镜驾驶汽车一样。你会经历一段日子的煎熬，先是因你们关系的结束而悲痛，然后认清并接受现实——你的伴侣欺骗了你。如果你深深地爱着对方，那走完这段日子会需要一段时间，在此期间，如果你的前任决定和第三者保持联系，那么这日子就会变得异常艰难。

然而，重要的是记住，你无须对你伴侣的行为负责。他决定离开，已不再是你过去认为的那个伴侣了，你理应找到更好的。你的理想伴侣希望和你相守，会以你想要的方式对待你。消解怨恨，清理你的各种情绪是关键，这样你就能吸引一个爱你的伴侣进入你的生活。

但是，知易行难，遭到背叛往往会导致负面情绪高涨并使人失去控制，正如我们所看到的，这会对我们的健康、事业和家庭产生深刻影响。

我们越能直面恐惧，恐惧就消散得越快，我们也就越能迅速地从中解脱出来。正如第2章中“找个健身伙伴一起锻炼”一节阐述的那样，思考的同时可以锻炼身体，这会有帮助。如果你的身体变得更健康了，那么你的大脑会更强大，更容易对抗压力和忧虑。

伤害你的自尊

现实情况是，如果外遇是关系破裂的原因，那么它附带的损害将是深远的，造成的情感伤害可能是双倍的。这不仅会毁坏彼此的关系，也会让遭到背叛的人怀疑自身的一切。

我的一个客户已结婚6年，有两个小孩，当时的年龄分别是2岁和

3岁。在她眼里，她婚姻美满、生活幸福、事业有成、工作受人尊敬。她广交朋友，在她的社交圈里是公认的“组织者”，因为她喜爱安排晚会和晚宴，让人们欢聚在一起。有一天晚上，如晴天霹雳一般，她丈夫突然宣布要为了一个女同事而离开她，她感觉遭受了沉重的打击，这是可以理解的。我的客户彻底崩溃了。她此前没有看到任何警示信号，而且一直深爱着她的丈夫。他就是她的世界，而他马上就要搬去和另一个女人一起生活了，这个事实让她悲痛欲绝。

伤痛如此强烈，她发现自己完全无法正常生活。她觉得自己愚蠢至极，居然没有注意到任何不对劲，并开始怀疑自己在生活各个方面的能力。她的自尊水平骤然下滑，甚至开始拿自己和他的新欢做比较。她在工作中也丧失了信心，突然感觉无法做决定，不能安心于自己需要承担的责任。她面对他们的任何朋友时都觉得丢脸，所以完全停止了社交活动，把自己藏了起来。这个事件对她的生活产生了直接、巨大的影响，大大削弱了她的力量。后来，她的朋友在媒体上读到一篇我写的文章，并说服她来找我咨询，她这才开始重拾自我价值感，在那之前，她已经失去了以前的自我，变成了一个没有热情、没有能力、消极、避免与人来往的空壳。

不可接受的行为是如何逐渐占据主导地位的

日益恶化的关系可能会变得极具控制性，受伤的一方随着自尊水平的直线下降而不断遭受伤害。在此我要提到我的一位客户，从心理层面来看，她的婚姻可谓千疮百孔，她尝试修复已有一段时间了。她丈夫让她感觉用尽所有方法也毫无用处，事实上，她越努力取悦他就越灰心失望。这是个循序渐进的过程，他很擅长此道，一点一点地跨越了婚姻的界限，我的客户想阻止这种发展趋势，但力不从心。起先，她丈夫开始和一群新朋友出去玩，我的客户不怎么认识他们，没法联系或核查具体情况。然后他开始在凌晨才回家，或者根本不回来。他自作主张，认为自己该拿到一张“周五夜晚通行证”——这张通行证在他离家时生效，有效期到第二天的下午2点。这样，当他愿意的时候，他就摇摇晃晃地回到家倒头睡觉，直到周六下午。

伴随着这张“通行证”而来的规则之一是，我的客户必须离开卧室，因为他要通过睡觉消除宿醉。她和两个年幼的孩子始终需要遵循通行证的时间安排。一切矛盾终于在一个周六上午激化了，“上午11点半左右，也就是‘宵禁’结束前2个半小时”，在一次我们的会谈中，我的客户这样讽刺地告诉我。他们的一个孩子溜进了卧室，然后一切都乱了套。就像我客户描述的那样：“突然间，我听到楼上有人狂喊我的名字，他尖叫着，说我‘破坏了规矩’‘孩子们在屋里乱跑’。”她走上去，让卧室恢复了安静，但当她蹑手蹑脚地走下楼梯，继续准备晚餐时，她的脑子里猛然冒出了一个念头。她的“心意突变时刻”来了，她知道自己已经受够了，这听着像老生常谈，但却是事实。

一定要腾出“构建自我”的时间

一个让你的生活重回正轨的有效方法是，花点时间重新规划你的未来，并设定一些新的目标。这很值得，因为仅是专注于未来，你的感觉就能开始转好。它将驱散未知的混乱和对变化的恐惧，关系的结束总伴随着这种恐惧。你将惊奇地发现，设置一些小的、简单的步骤会给你一个前进的理由。

如果你能确保和对你身心有益的人共处，那就更加令人欣喜了——这些人处处为你着想，对你有积极的影响。你会像海绵一样汲取他们的正能量，这将给你动力，让你坚定地向前走去。

如果你想暂时远离你目前的日常生活，一些在僻静场所举行的静修活动可以帮助你锻炼身体、抚慰心灵。它们有些在英国，有些在其他国家（你或许会对国外的静修感兴趣），这取决于你的财务状况和时间安排。我组织举办各种“分手恢复静修会”（Break-Up Recovery Retreat），旨在帮助人们更好地应对分手涉及的各个方面。有在英国举办的为期2天的研修会，还有在气候温暖地区举办的为期4天的活动，将指导、温和健身及全方位的锻炼练习结合在一起。

无论你选择什么路径，预留一些“构建自我”的时间（见术语表）非常必要，你需要弄清楚你对目前生活的需求。这是评估现状和创造你想要的新生活的绝好机会。

容许自己发泄情绪

前一章讲到，你需要一个强大的团队来帮助你挺过分手之初的震惊期。本章也提供了一些工具，有助于你处理消极情绪。现在的关键是继续向前。请记住以下几点：

• 要认可自己会暂时感受到一连串的情绪。重要的是，明白你的生活正在经历翻天覆地的变化。我相信任何事情的发生都有其原因和目的，这也帮助我完成了我的旅程。

• 一切都是阶段性的，当前也许很艰难，但它不会永远持续下去。老话说得好，“时间是最好的医生”，这在我身上得到了印证——每过去一天，乌云都会消散一点。这很困难，但当你调节自己的情绪并构建快乐心态时，它会成为治愈过程的一部分。在时间发挥治疗你的作用时，我在本书中提供的各种技巧将帮助你更快穿过这个过程。你必须下决心准备好让自己好起来，准备好做出一些改变并采取行动。

• 要明白自己不是个案，现在有很多人正在经历心碎。分离产生了这么多不同的情绪，每一种情况都不相同。弄清楚哪些情绪是你不得不处理的，有利于你更好地应对。对自己的感觉有清楚的认识总是好的，因为这能让你控制自己的情感，而不只是一直生活在负面情绪中。

• 请记住，哭泣真的有帮助，它是治愈过程的重要组成部分。当你感到被压垮了，悲伤难过时，它是健康而自然的情感发泄方式，能释放你的消极情绪，请不要“压制”它们（见本章的“警惕破坏性的模式”一节），它是本章“摆脱消极情绪”练习的一部分。哭泣的作用和在伤风时擤鼻涕一样，你需要用哭泣赶走情绪。如果你感觉自己哭得失控了，那就需要专注于其他练习，让你的生活回到正轨了。待你创造出迷人的未来时，你将停止哭泣。

现实地面对过去与当下

要诚实面对你的境况，不要夸大糟糕的程度，也不要在头脑中渲染它。真相很无情，让人难以接受。如果你认定情况比实际更糟，你的感受也就更差。关系的终结可能会使你深感惊愕，我能理解其中的艰难。我试着留意关系中让我不开心的事情，也确实找出了很多。天下没有完美的关系，所以要面对现实。这有助于你以更稳定、诚实的态度对待自己，从而更好地处理事情。请关注事实，而不是你希望发生的状况。

你很可能也会有一些积极的情绪。如果你让一些人说实话，他们会对终于分开了感到释然。你可能会有自由或兴奋的感觉，因为想到了有机会构建让你活得比以前更快乐的生活，再次坠入爱河，甚至和某人（而不是你的前任）享受性爱……这些都没问题。

缓解不堪重负感的技巧

- 不要着急，一天一天地过。有些人感觉自己正站在一座大山的脚下向上张望，觉得自己必须一步就跨过去。在这个过程中你可能会遇到很多变化，要做很多调整，但重要的是跟着自然的节奏过好每一天。不要一步跨得太大，不要给自己施加压力，要求自己一天内就解决所有问题。集中精力尽最大努力度过今天，将明天视为一个新的开始。
- 在日记或笔记本上写下自己的感受，这会带来很好的治疗效果。这样你就能安心表达自己的心情，同时不会受到他人的影响或评判。原原本本地记下你的喜怒哀乐，有助于缓解你的紧张情绪。
- 不要试图一次就找出你脑中所有问题的答案。有些问题你永远也无法回答。不要把时间花在诸如“我怎么了”或“我做错什么了”的问题上。相反，要问自己一些更积极、更重要的问题，比如“我现在能做些什么来帮自己渡过难关”。

准备好向前迈进，一步一个脚印

如果你一直处于一段关系中，某日它突然终结，你当然会心碎不已，因为你的未来、你已规划的每件事都被夺走了。你所珍视的一切都遭到了损毁。如果你的伴侣对你不忠，那你可能会质疑你们关系的方方面面，你的信心也会受到打击；如果你们只是随着时间的流逝而渐行渐远，最终不得不分开，那你可能已经不知道该如何独自生活，从而害怕这样的未来。然而，隧道的尽头会有光明。你当前的感觉是治愈过程中正常的一部分，为了让你破碎的心愈合，你必须经历这些，以哀悼你逝去的关系。

在接下来的章节中，我将向你介绍一些技巧，你会以此扎扎实实地向前迈进。

在下一章中，我将帮助你与过往和解，建立全新的未来，再次感受生活中的快乐与激情。

第 4 章

重建你的信心和自尊

就在毛毛虫觉得末日降临之际，它破茧成蝶。

——谚语

在本章中，我将找出一些你可采用的简单易行的方法来帮你重建信心，让你重新坐回驾驶位，夺回控制权。它将带你回顾引言中介绍过的“生存与发展的4个关键点”之一——勇于担当。你将集中精力重新学习如何做到自我感觉良好并加速治愈过程。当你弄清自己在分手过程中的明确位置时，你会对将要经历的情绪起伏有更深的理解。这样你就能为未来做好充分准备。我会提供多种技巧来帮助你应对，促使你更快速、轻松地完成治愈过程。

记住这一点很关键，只有你才能控制自己的感觉和行动——你不必生活在对他人行为的反应中，不能把自己的生命交到别人手中。如果你已和伴侣分手，那么对方就不再是你团队的组成部分，不值得受到你的关注。掌控这些意味着不把自己看作任人摆布的受害方，而是正视自己所处的位置。

你当前可能有的感受

在这个节骨眼儿上，被分手击倒很正常。你可能已被抛弃，完全没有安全感，缺乏自我价值感；或者放任自流，彻底失去了控制。我最近的一个客户坐在我旁边时泪流满面，一遍遍诉说着自己的一无是处。我们剖析她的故事时看到，没错，她的婚姻失败了，她正在办理离婚，但事实证明，她有很多其他技能。她养育了3个孩子，他们在学校里总是乐于助人；她连续5年被老师们评为“最有帮助的家长”；她的缝纫技术也很好，做了很多衣服并寄给世界各地的儿童慈善机构。她绝对不是一无是处，但被丈夫抛弃这一事实让她忽略了生活中其他的积极因素——她的其他技能和她在生活中奉献给他人的巨大价值。

无论你处于何种状况，在本章中，我将为你的大脑配上遥控器——指导你用大脑来做什么，当然，这完全由你自己决定。这个过程持续的时间可以与你的期望一致，因为每个人都是独特的，只有你自己知道对某些特定情况该做何反应。如果我们回顾引言中“悲伤与治愈周期”的部分，你会回想起，产生自我怀疑是完全正常的，尤其在你为保全关系花了很多时间讨价还价时。就我而言，聘请造型师和减肥永远无法修复我的婚姻，也不会改善我内心深处的感受，除非我通过完成这些步骤来实现自己的目标。

开始重建你的自我价值感和自尊

虽然在此刻感觉不好完全正常，但是你也该夺回控制权，并为寻求积极的事物而远离消极的东西了。

练习：用激励人的话语替换让人丧气的话语

1. 留心你经常提出的消极问题和使用的消极话语，并把它们写下来，例如：

“我有什么问题吗？”

“为什么这种事总发生在我身上？”

“他/她为什么不爱我？”

2. 设计一些积极的词语和句子来加以替换。我最喜欢的有：

“目前这样有什么好处？”

“当下我为何心怀感激？”

“目前我能做什么使之变得更好？”

3. 在即时贴上写下赋予你力量的句子，贴在你家里显眼的地方。

练习：人们喜欢你什么？

我经常问那些正为自尊挣扎不已的客户：一个深爱你的朋友会说什么对你有好处的话？有时这样做会有帮助，在你的行动计划或笔记本中写下一些要点，提醒自己正在经历的一切都很正常，你可以重塑自我，或许能比过去更快乐。

1. 想象一下，你最好的朋友正和你坐在一起讨论他为什么喜欢你。他最欣赏和喜爱你的哪 5 个方面？

2. 列出所有你擅长的事以及同事们喜欢和欣赏你的原因。

认识到负面影响引起的涟漪效应

我们都会受到外部因素影响，也能广泛而深切地感受到这种影响产生的涟漪效应。我们每个人都会在某种程度上受到老师、父母、社会和媒体的制约，对完美有着不切实际的想法。当我们因害怕失败而不敢表现出自己最好的一面时，我们会感到自卑。我们小心翼翼、如履薄冰，害怕表达真实的自我，以免别人看到，对我们失望。但我们并非天生自卑，这是我们在成长之路上学来的。触发它的因素常常是：我们生活中的某个事件，某人曾对我们说的话，或某种经历，比如一段关系的破裂。在这种情况下，涟漪效应不仅影响事情浪漫的一面，还会在你的整个人生中掀起惊涛骇浪。一段关系破裂时，即使是最自信的人也会遭受沉重打击。

多年以来，我遇到过很多饱受自卑之苦的人。许多人每天都与之相伴，但我想我们大多数人在一生中都至少经历过一次。对它最好的描述是，一种使人虚弱的自我怀疑，使人不相信自己或否认自己有能力去实施或完成某些事情。它会阻碍你做你想做的事情，并在所有领域妨碍你获得成功。像分手这样的巨变会加重这种不良状况。对一些人来说，分手摧毁了他们的信心；而对另一些人来说，随着时间的飞逝，它只是一种规模不大的侵蚀，因为他们为拯救一段无可挽回的关系努力过。

这里的关键是，你把控制权拱手送给别人，一直持续到现在，是时候夺回来了。

抵抗消极——使之翻转

我在上一章中已经解释过，在实际的分手/离婚的过程中，情绪起伏始终存在，有时还会持续很长时间。但是，在经历了自己的离婚后，我创造了“使之翻转”（见术语表）技术，以帮助我在新的现实世界里发现美好，并转移我的注意力，使我不再抓住失去的一切不放，而只关注我能拥有的东西，尽快重建自信。这技术很简单，可轻松应用于练习中，所涉及的只是正视且应对你发现的困难处境，并从中找寻好的一面。换一种与自己对话的方式，改变自己所问的问题，最终，这种自我沟通方式将改变你关注的内容，并自动重新训练你的大脑以更积极的方式做事，甚至无须刻意为之。

当你用“使之翻转”技术训练大脑时，产生的效果会令你惊叹。你确实需要一些实践，有时做起来似乎还很困难，但只要坚持投入其中，你会惊讶于这种简单技术的强大程度——它能立即改变你的思维状态。只要有需要，你可以随时使用它来帮助自己振作精神并变得更强大。当然，在我分手的那些最黑暗的日子里，它给了我极大的帮助。

对“使之翻转”技术最好的描述是——用双手抓住你的脑袋，把它从面朝过去的方向扭转到未来的方向。它的目的在于发现当下的美好，创造全新的你，并意识到你所呈现出的自我就是他人对你的感知和印象。

练习：使之翻转，以发现美好

1. 思考那些让你对自己的新处境感到不安的事情，并试着在这些新的挑战中寻找好的一面。

2. 聚焦于你发现的美好事物，不要做其他任何事，持续30秒。

如何在实践中应用“使之翻转”技术

有时，在新的挑战中找到积极的东西看似是不可能的。但是，你总能从中发现一件积极的事情，只要努力寻找，总会有一线希望。我有一位客户的前夫在他们分手后很快遇到了新伴侣，于是，在她的宝宝和前夫共度周末时，她总是坐立不安，发现自己很不情愿把宝贝儿子交到前夫和另一个女人手里。整个周末，她不是躺在床上就是趴在沙发上，不停痛苦地流泪，念叨着“孩子看不到我可怎么活”。

起初，我向她介绍“使之翻转”技术，让她找出现阶段的一件好事并告诉我时，她看着我，好像我疯了似的。“绝对没有”，她说了好多遍。但最终她承认，宝宝不能好好睡觉使她精疲力竭，所以孩子不在家的时候她会好好休息，这样等他回来时她就能做个好妈妈。在接下来的几周内，她便能够看到一些积极的方面了，比如让宝宝和爸爸相处有好处，那样他就能了解爸爸，在生活中记住爸爸的形象。这也给了她自由，可以出门和朋友度过不被打扰的欢乐时光。当然，她依然想念她的孩子，但“使之翻转”技术让她能够向前看，更好地应对这种情况。

然而在这个阶段要记住的是，你应该做好心理准备，因为最微不足道的小事也可能压垮你，但是和所有事情一样，它会好转的。如果翻转它，你就更有机会在混乱和不安中找到一点积极性。

“使之翻转”技术带来信心提升

“使之翻转”技术会对我们的信心产生非常积极的影响。我有一位客户与她丈夫经历了一场特别痛苦的离婚。她丈夫自私得不可思议，对她相当不友善。起初我们花了些时间试图弄清楚她为什么以前没发现这一点，为什么当时她对他一见钟情。原来，她在上次刚分手时遇到了他，当时她非常没有自信。她已经32岁了，想要个孩子，所以很高兴碰到一个看起来完美的人。她一直希望自己能在30岁出头的时候安定下来，所以当他乘虚而入，对她展开猛烈的爱情攻势时，她立刻深陷其中，双眼被他的夸张姿态所蒙蔽，忽视了很多明显的信号。真相是，你如果没有足够的自信，就无法固守自己的界限，会任由不健康或不正确的行为模式在自己的生活中驻足。

我全程参与了这位客户的离婚过程，我们谈了很多关于她前夫的事情。他很擅长摧毁她的自尊，即使在热恋时，她也能清楚地识别那些伤自尊的时刻，他的行为举止让人很难接受，而她当时统统原谅了。她举了一个例子，在当地酒馆吃饭时他不给她买饭吃，他说因为她变胖了，要是被别人看到他俩在一起，他会觉得难堪。他我行我素，只给自己买了饭，而她坐在旁边，深感震惊且受伤。她知道这些事情不对劲，但因为缺乏自我价值感，所以留下来并原谅了他，还很自责，认为是自己不控制体重而让他心烦。当然，那之后事情只会变得更糟，因为她没有足够的自信和他划定界限或离开他。她过于善解人意，使自己成为他那种男人的完美猎物。应用“使之翻转”技术让她认清了事实，她很感激关系结束后所拥有的自由，并把注意力集中在解脱感上，不再像在蛋壳上行走那样步履维艰，能够独立地做自己了。

我们是如何深信与自身相关的不真实事情的?

我们有可能相信那些和自身有关的谎言，比如我们相信自己没有魅力、不值得被好好对待或不是个好伴侣。如果长时间给自己灌输这些观点，我们就会听命于它们，并不断缩紧我们的界限，直到它们变得看似正常，到那时我们就会把它们当成事实。如果你因伴侣不想再亲近你而处于无性婚姻中，那么你为伴侣进行辩护的尝试则往往会加重你的自卑感。作为女人，我们可能会倾向于把责任揽在自己身上——我们不够性感、不够瘦或他就是不喜欢我们，我们不假思索地相信这都是我们的错。我自身的惨痛经历让我明白了这一点，它害人不浅。

我敢肯定，无论你问谁，都能得知他们觉得自身有一些让自己不能100%满意的地方。如果你的伴侣拒绝你，那么你问自己那些我称之为“仓鼠轮问题”（见术语表）的绕圈子问题就完全正常，比如“我怎么了？”“他/她为什么不要我了？”。

分手后对自己的身材有一点介意很正常，尤其在你生过孩子的情况下。我知道我的很多客户发现，他们在婚姻中并未尽力保持良好身材，主要是因为忙于养家糊口，很难挤出时间去晨跑。此外，他们结婚后没有感受到太大的压力，他们认为自己找到了终身伴侣，不再需要像以前那样保持苗条。有一位客户曾是时装模特，她告诉我，结婚前她每天做的第一件事总是在健身房上课或自己锻炼身体，而15年过去了，她甚至都不是健身房的会员，而且有7年多没上过健身课了。她来我诊所时，坚信没有人会认为她有魅力。我在许多客户身上屡次看到这一点，他们对自己的容貌和身材不自信。很遗憾，这是常见的分手副作用。

让你感觉良好的微小变化

正如我们已经明白的那样，前进的关键是夺回你的控制权。你可以从一些你认为有帮助的细节开始改变，它们能让你感觉更好。显然，如果你内心不快乐，就需要对此做出真正的改变。如果你希望给自己一点激励，做些让自己焕然一新的事情会是个好主意：

• 每天保持讲究而得体的衣着。

• 选择自己喜欢的服饰颜色。

• 向穿着时尚的朋友询问意见，找到让自己最靓丽的服饰搭配并经常如此着装。

• 尝试改变发型。你可以把它烫卷或拉直，剪短或扎起来。如果你够勇敢，可以染个新的颜色。

• 做美甲或修脚。

• 开展日常健身训练。如果去健身房使你感觉太紧张，为了让它更有趣，可以和朋友一起去上课或在家锻炼。

• 研究健康饮食，久而久之，即便是微小的改变也能带来巨大的变化。

谨慎小心，做出明智决定

我在一些客户身上注意到一件事，人们在分手后会认真考虑做整形手术，不论男女。有趣的是，我们认为手术会改变自我感觉，让我们找回丢失的自信。整形手术日益被人们接受并成为主流方式，当然，并非每个人都负担得起。虽然它能给你以激励，但无法修复内心的创伤，你必须面对现实，做出改变。

不要再惩罚自己

我希望本章能告诉你，重新审视当下状况并准确找出真相有多么重要。发现真相后，你需要将它与他人反复告诉你的东西隔离，即使那个“他人”是一直在问仓鼠轮问题的你自己。当这种情况发生在我客户身上时，我们就需要使之翻转，提出的问题就不再是“我怎么了？”或“他/她为什么不和我睡？”，而是“眼下我能做什么来改善现状？”或“现在我能做什么来增强自己的信心？”。

每个人都有优缺点，作为个人，我们必须接纳它们，而不是因它们惩罚自己。关键是要真诚面对自己，依照你当下的样子做你自己是没问题的。只要你尽自己最大的努力，始终尝试你认为正确的事，别人对你的能力有什么看法真的不重要。

问自己恰当的问题

正如我们所看到的，让自己保持专注的好方法是找到一些积极的话语和问题来充实你的头脑。伟大的励志演说家安东尼·罗宾曾对我说：“你生活的质量取决于你向自己提出的问题。”的确如此，如果整天抱着消极的问题和想法，那你就会得到消极答案，例如，如果你问自己“这为什么会发生在我身上？”或“我怎么了？”，你的大脑将为这些问题搜寻答案，相信我，你不会喜欢那些搜寻到的结果的！

分手之初，我翻来覆去地问自己：“他为什么不爱我了？”我的大脑火药味儿十足地回答我："因为你太胖了。"（这是我的痛点，因为我从小就没瘦过）然后，为了防止痛苦程度不够，它还补充道："因为你很无聊。"这一点从某种程度上听起来也是真的，因为儿子出生后，我就不怎么外出了。

因此我能够为这些消极的答案辩护，证明它们很有理，但这对我毫无帮助。事实上，它们阻止了我向前迈进。

你要明智地筛选自己的想法，用更有建设性的问题来滋养你的大脑，这样你就能得到更多积极的答案，这有助于你不断前进，具体可参见本章中的练习："用激励人的话语替换让人丧气的话语"。

我发现，在即时贴上写下给人以力量的名人名言，并贴在我每天可以看到的地方，能使我坚持走在正确的轨道上。在离婚期间，我浴室的镜子上贴着这样一句话："我的内在力量能够让我熬过这件事，成为更优秀的人。"

直面你对未来的不安全感

想想你可以做些什么来改变对自己的感觉——买新衣服、染发、去新的地方、到健身房锻炼。这些都是很普通的事情，但它们或许能帮助你翻转负面漩涡。的确，分手后大脑会充满痛苦且具有破坏性的想法和情绪，这些东西纠缠着我们，消耗我们的精力和体力。我们觉得很多事情从来就没法自己好起来，对此深感苦恼，因而产生上述想法和情绪。每一件事都让我们想起那个离开我们的人，但你必须尽力应对，不要让那成为常态，不要让分手腐蚀你的身心。

结婚后我亲身体验过一些改变，做过一些以前从未做过的事情。在和我丈夫分居约10个月后，我的确做出了更大的改变——去整了容。从很小的时候起，我就总对自己的鼻子耿耿于怀——它的顶部有个包，在照片里显得特别难看，每次看到镜中的自己，我就感到很难为情。我在儿时没完没了地抱怨这个，但我的父母对这类事情非常严格，对于我们小时候发现的身体上的问题，他们不鼓励刻意关注，并教导我们要爱自己天生的样子。

不管怎样，我分手后确实有很多时间和父母在一起。他们对我来说是无价之宝，帮我照看孩子，鼓励我振作起来。我妈妈会带着食物来看我，我可以趴在她的肩膀上哭泣，她还送给我一大堆《尚流》(*Tatler*)杂志。说实话，我几乎没有时间读它们。哄儿子入睡后，我就想瘫在床上，这是分手这种重大混乱事件带来的另一种情绪问题——你总是感到精疲力竭。妈妈经常过来，也总留下一堆《尚流》杂志，一天晚上，我坐在沙发上翻看最近的一期，里面有一张折叠插页，上面是当年的顶尖整形外科医生，还有很多重新排列的鼻子照片，价格比我想象的要便宜得多。我立刻产生了兴趣，开始在网上查找这些名字，找到了两位我喜欢的医生，并分别与他们做了预约。接下来，我打电话给我最好的朋友，告诉她我的想法，她的反应激励了我："终于到时候了！从我们10岁起你就一直在想着和谈着这件事！"

我知道我父母不支持我整容，他们强烈反对人们"瞎搞自己的脸"，很讨厌抱怨自己长相的人。他们还一直坚称我的鼻子根本没问题，甚至都看不见那个包。所以，当我下决心去做手术时，我决定邀请他们过来，想在吃午饭或他们和心爱的外孙一起玩时勉为其难地告诉他们。他们来了，我们共进午餐，可我却没勇气说出口，于是我们带着我儿子一起去了公园，但那似乎依然不是好时机。我又请他们回来喝茶，继续拖延，直到他们把东西装上车准备走时，我才终于脱口而出！我告诉他们我渴望去整容，希望得到他们的支持。我提到是做鼻子整形时，他们只是看着我。然后我妈妈大笑起来，笑得畅快淋漓，她说："为什么你会觉得我只是'凑巧'把整形外科那期放在杂志堆的最上面了呢？"

原来他们多年来一直在聆听，明白这个鼻子让我多么心烦意乱，不仅如此，在我分手后他们还想到，拿掉这个包可能会鼓舞我。妈妈最后陪我去选定了医生，然后我做了手术。整个过程很辛苦，手术后的几周内，我的脸看上去备受摧残，但这非常值得，因为它给了我良好的感觉。实话说，这并不像我想象的那样彻底改变了我的生活，当然也没有消除我认为它能带走的问题，但它确实让我拥有更积极的心态来渡过我的离婚灾难。

这也是我自己做出的第一个重大决定，让我感觉神清气爽。我完完全全自己拿主意、为自己做事情，身心得到极大解放，没错，我的地盘我做主。

做出改变

正如前面提到的，并不是每个人都适合整容这种方法，以下是我的客户提供的一些其他方式：

- 使用假睫毛。
- 改变头发颜色。

- 美白牙齿。
- 涂上色彩鲜艳的指甲油来转移注意力。
- 研究适合自己身材的穿衣风格，购买更多让自己尽显靓丽的衣服。

重建自信的不同方法

以我的一些客户为例，如果他们在之前的关系中没有得到伴侣的支持，就更难重建自信，因为他们很难解开心结。我有一位客户，她的伴侣说她的节奏感不大好，这一点他不喜欢！正如我将在第6章中描述的，我们坐下来敲定她的3个分手后目标，作为迈向新生活的“铺路石”（见术语表），然后她决定要去学跳舞。尽管她丈夫说她没用，而且当时她已被击垮，身体上的一些老毛病也复发了，但她还是想做这件事。她丈夫对她的否定让她深受打击，但她决心要证明他是错的，所以我们把它分解成了几个小步骤。

首先她决定研究不同的舞蹈类型并选定自己想学的那种。她把这一步分解成几个可控的小任务块，这样就能很快在行动计划中列出各项行动。我们在辅导课程中不断推进，会讨论她为什么要努力开始研究拉丁舞和交际舞的区别；会列出清单并检视是什么阻止她迈出第一步。有一点很重要——你要记住，不要急于实现目标，这不是比赛，唯一要紧的是你得不断向前，不能站在原地不动。我的客户一开始认为自己永远也做不到，后来她在住所附近寻找培训班、预订课程，然后上了几节课，最终学会了跳舞。她设立的小目标，或者说是“铺路石”，使她能迅速而轻松地得到自己想要的结果，甚至很享受这个过程。

一位客户发现她丈夫的情妇是个很棒的厨师，顿时觉得自己的厨艺相形见绌，所以决定提高自己的烹饪技艺。第一步是买一大堆烹饪书，认真考虑自己要尝试哪种烹饪方法，再看看家附近有没有她在5：30下班后能上的培训班。然后她真的报名参加了她的第一个学习班。整个过程花的时间长达6周，但她利用自己的业余时间实现了目标，其中每一步对她的恢复都很重要。

找回自己的身份认同

现在你明白这段关系已经结束，是时候着眼于积极的一面了。你可以把自己重新打造成一个独立自主的人，重新建立你的身份认同和信心，此时涉及的一些小事可能会产生巨大的影响。我记得我希望自己令人耳目一新，做很多事情来改变自己，这样我的前夫就无法对我了如指掌了。首先，我换掉了中性颜色的指甲油，每周都去做美甲，涂上鲜艳的颜色，越亮越好，这已经成了我的习惯，因为亮丽的颜色让我笑容满面！怀孕后我就不再喝卡布奇诺了，也戒掉了咖啡，这时我重新找回了它们。做了 15 年的素食主义者后，我又开始吃肉了。我很兴奋，因为知道已经重塑自己，回到了真实的、最初的我了，当时我心想，你再也不知道我是谁了。我重拾了做回自己的自由，不再是期盼得到他的爱的那个人，这让我心花怒放。

对我来说，它还包括更小的事情。我彻底检查了我的衣柜，开始穿我觉得更性感的衣服，例如我发现了皮裤。我平生第一次染发，并把它剪短了。结婚后，有些事情我再也没做过了，这时我把这些东西也融入我的生活中了，比如我为我的新起居室配了鲜绿色的窗帘，因为我最喜欢绿色。我兴高采烈地在我的新住所中挂起它们，它们在我原来的家里永远都不合适，那里铺着深色木地板，还摆着佛像！这些变动不大，但很重要，目的是让我在分手后重获快乐和自由。

每个人都有自己做事的方式。表达自己的个性能让你感到无拘无束，尤其在自己家里时,会让它更像是你的庇护所。我也会考虑我儿子的感受，询问他的意见。毕竟那是我们自己的家，所以他也为自己的卧室选择了颜色、壁纸和家具，我也在装修新家时用上了他最喜欢的颜色。

避免重复消极行为

一些令人不愉快的家庭真相可能会是恢复自尊过程中涉及的重要部分。如果你想为自己的未来做出改变，那么非常有必要审视自己的行为模式。如果你之前所处的关系不和谐并让你受到伤害，那你就得解决这个问题。在重塑自我时，关键是确保不让任何负面情形重演。在谈到界限和“设计你的理想伴侣”那部分时我们会详加讨论，现在需要关注的是如何重组、聚焦于对你重要和你喜欢的东西。

让生活重回正轨的关键是找到能激励你独立面对一切的东西。你需要真正了解自己的喜好，知道什么能让你捧腹大笑。重新选择一些基础性的东西，比如：

- 你最喜欢的颜色是什么？我过去以为自己偏好银色，还珍爱佛像，但深入研究后发现，鲜绿色才是我的最爱，于是现在我的家里到处都是鲜绿色，并且一尊佛像都不放。

• 什么事让你心情舒畅？对我来说很简单，就是涂上鲜亮的指甲油和定期去健身房锻炼，这两样都能让我精神振奋并感觉良好。

• 你喜欢做什么？在乡间散步？在阳光下度假？和朋友一起喝咖啡？还是晚上和好友一同看电影？

我知道这听起来很简单，但这就是它的美妙之处。你的内心已经存在治愈你并助你继续向前的一切，你只需将其解锁。意识到这些东西后，你就能将其从无意识层面转移到有意识的思维中，这样你就可以驾驭它并拥有更多。其中一些东西可能需要制订计划才能实施，而有些则是现成的，但无论哪种都能让你寻回真我，回到自己的生活轨道上去。

小改变，大影响

我强烈建议你在生活中做出一些小的、可控的改变。如果你依然保持和你前任在一起时一贯的做事方式，你会发现放手很难，因为这会不断提醒你，他/她已离你而去。要打破以往的惯例，你应该：

• 换一家超市购物。

• 换一条路线上班。

• 改穿颜色亮丽的衣服。

• 重新布置家中的家具。

• 多多微笑。

• 制作新菜肴。

一种有效的方法是用不同的方式做事，打破常规，把事情搞混。你需要保持真实的自我，将你个性中可能已被你伴侣抹杀的那部分隔离开来。不要害怕尝试新事物，如果你不喜欢，那就没必要做第二次。但不同的方式可能会为你带来新的机会，或能延伸思维，让你想到以前从未考虑过的其他可能性，例如，如果你的前任喜欢去看电影、等待DVD发布、邀请朋友到家里喝酒看电视，那么你可以做不同的事情。若你的前任喜欢红葡萄酒，那你就开始喝白葡萄酒；如果你们以前一起出去跑步，那就给自己买辆自行车。总之，使之翻转。

无论你做什么，一定要尽快把你前任的东西收拾打包，宜早不宜迟。不要把他的杯子留在壁橱里，你解放了，再也不用做他喜欢的饭菜了。如前所述，在和我丈夫分开后，我决定开始吃肉，这是我做出的另一个改变，只为了我自己。当提到还有什么其他事物能改变时，我发现家具是个好对象。我有一个很大的L形沙发，我把它拆开放了，这样屋内的感觉就完全不同了，我再也看不出他过去常坐的位置了。

你并不是为了改变事物本身。如果继续按照以前的方式做事，你会受到更大的伤害，因为这中间有缺失；而如果面对相同的情况时，改变了处理方式，你就不会那么受伤。不要盯着前任的空椅子，可以把它捐给慈善机构或搬去另一个房间，还可以用新材料重新装饰，你不必继续生活在被熟悉的事物包围着的环境中，这些事物在分手之初带给了你不少伤痛。

通过用不同的方式做事，你将感受到自由和独立。你开始按照自己的意愿生活，而全新的开始能大大增强你的信心。

不按常规做事是破除旧模式的好方法。本书第3章谈到我的“分手恢复静修会”，它可以帮助你做出改变。这些讨论会旨在将你从日常事务中解脱出来，告诉你如何开始重获控制权。一个技巧策略工具箱也可以帮助你应对个人的分手状况和挑战。

回顾并重新评估

做出改变之初，重新评估你以前的界限是个好主意。与伴侣分手会让你崩溃，这其中有很多原因。其中最重要的是，这件事情的焦点是你，那个没有伴侣在身边的真实的你。我们中的许多人在关系中丢失了自己的身份认同，因为我们在生活中与伴侣相互依赖。当他们离开时，我们会觉得自己的很大一部分缺失了。我们很难理解，作为个体我们到底是谁，因为经年累月，我们已经完全忘记了自己的需求（甚至还有个性），尤其在我们的关系不大健康的时候。

这是激动人心而又令人恐惧的时刻，你剥去层层外衣，重新发现真实的你，找到能激励你的东西、你的人生价值和已有的成功策略。一位客户在她分手后一直和我讨论她最喜欢的电视节目，真的以为自己喜欢看《英国疯狂汽车秀》（*Top Gear*）。进一步交谈后发现，她显然不喜欢这个，那是她丈夫的挚爱，她只是很享受参与其中。她其实很讨厌杰里米·克拉克森（Jeremy Clarkson）[①]，并且有意忽略他。这是一项有趣的课题——她观看丈夫喜欢但自己并不喜欢的电视节目，从中感受到自己有用、有价值、被爱，而且那是她感觉最接近她丈夫的时刻。他们看节目时有一套例行规则，包括坐的位置和姿势、喝的酒和饮料、在整个

① 《英国疯狂汽车秀》的主持人。——编者注

节目中聊的话题。这意味着她能够压制所有与之相关的烦心事，并且教导自己要喜欢它对她与伴侣关系产生的影响——这使她丈夫感到快乐，因而也让她感到快乐。

妥协 / 让步的总体效果

为了融洽相处，我们一直在妥协和做出让步，在工作中是这样，在一段关系中尤其如此——我们吃特定的食物、喝特定剂量的饮品、以特定运动量锻炼；也许开始以不同的方式说话；如果我们的伴侣不喜欢就不再去自己最喜爱的餐馆；或许把周五咖喱之夜换成中餐或炸鱼薯条之夜。我认为，女性尤其能从取悦他人中获得很多满足感，而且我们很乐于见到伴侣开心的样子，很享受这种感觉。

重建你的界限

在一段关系中，你真正的身份认同常常会丢失，因为为了保持这段关系，你变得和伴侣相互依赖。重新发现真实的你是恢复过程中的关键部分。

练习：改进你的界限

1. 花 5 分钟时间考虑在未来的关系中你能在哪些方面改进自己的界限。在行动计划中写下你打算做出的变化。现在你需要有意识地找到新的界限，这样就不太可能再次妥协，例如，“我将不容许任何人叫我的名字”“我将和支持我事业的人在一起”“我将保持独立，一个人去看朋友、出门”。认识到你的新界限是找回真实、独立的自我而不优先考虑他人想法和感受的第一步。请记住，自娱自乐完全没有问题，但故态复萌是人类的天性，这些步骤将确保你不走回头路。

2. 在你的行动计划中列出你现在能做的小事情，以帮助你感觉更好，例如，我将：

·去本地的乐购超市（Tesco）购物，而不是森斯伯瑞[①]（Sainsbury's）。

·更频繁地戴我的绿色围巾。

·为自己预订萨拉[②]举办的下一次的“分手恢复静修会”。

·每日自问：“我现在能做些什么让自己感觉更好？”

3. 把这些体现自己意愿的句子写在即时贴上，贴在家里能看到的地方。这将时不时打断你的活动，提醒你专注于积极地向前推进。它还会慢慢训练你的大脑，使之提出更多给人以力量的问题。

改变你的肢体语言

你是否知道，只是以不同的方式移动身体就能改变自己的感觉？艾米·卡迪（Amy Cuddy）对肢体语言的研究表明，只是摆出不同的人体姿势，我们就能改变他人的感知，甚至让自己体内的化学反应起变化。

① 英国第二大食品零售商。——编者注

② 即本书作者。——编者注

练习：想象不同的你

1.闭上眼睛，想象你对自己的能力有100%的信心。当你对自己的感觉有了想法时，睁开眼睛回答以下问题并写下答案。如果你有100%的信心：

- 你会如何站立？
- 你会如何讲话？
- 你会使用哪些词语？
- 你会有什么不同的做法？
- 你会开始做什么？

2.选定你在生活中感到自卑的某个方面。根据上述答案写下增强自己在该方面的信心的3种方法。

3.赶快试试！把你的答案写下来。

如果你认真去做，就能取得惊人的成果。请记住，你当前的感觉并不意味着你一直要受自卑之苦，你可以每天采取一些小的步骤来逐步建立自己的信心。

要夺回控制权，不再担心他人的想法。你不必和任何人竞争，可以乐于只做你自己。不完美没什么关系，没人是完美的，你只要尽自己的最大努力即可。

第 5 章

如何放下过往

接受现实，放下过往，对未来充满信心。

——谚语

如果你爱上一个人已经很久了，那么放手绝不是件容易的事。对很多人来说，接受一切都已成为过往是最困难的事情，也是让人感觉看不到尽头的阶段。有些事情不可能再发生，但你会不由自主地想起它们，因为你和伴侣在一起时，这都已成习惯。伴侣离开后，你需要找到方法来填补他们在你生活中留下的缺口。例如，他们可能每周六上午带孩子去游泳，或是填写纳税申报单。你如果记得以前的情形，就需要花上一段时间来想办法继续生活下去，并消除心中的刺痛，我将在本章告诉你如何放手。

我将帮助你确定一些小目标，这样你就能逐步着手改变，这些改变将推动你开启新的生活。我也将讨论加速熬过心碎阶段的各种方法，包括考虑每件事的细节问题，学习一些技巧，这些技巧可帮助你在整个过程中更好地应对。在一定程度上，这是通过对未来的伴侣设想和考量而实现的，也是朝着正确方向迈出的一步，我建议你弄清楚自己对未来关系的一切需求，同时诚实地回顾你曾拥有的东西。你将找到一系列旨在使你面对现实的练习，它们会帮助你既回顾过去又展望未来，而且看得清晰透彻。

回顾过往

渡过“放手”这个阶段相当艰难，但你可以做一些事情来帮助自己。我坚信，事情的发展在很大程度上取决于分手的方式和你对此的感受。如果你真的爱对方，那不管你们的关系是如何结束的，你都有可能始终在心里为他/她留出一席之地。你将在记忆中储存很多美好时光和亲密时刻，还会认可你曾和这个人共同拥有快乐而有意义的生活。这时最重要的是，尽可能顺利、快速地走过那些令人心碎的痛苦日子。当你想起他/她时，你可以在伤痛中得到成长，最终不再心痛，但依然保留你们在一起的温馨记忆。然而，对于你们中的一些人来说，一旦彻底分手，你们就不会愿意再想起自己的伴侣。每个人的情况千差万别，回顾这段关系的方式没有对错之分，你只要跟着直觉走，让它为你指路即可。当然，相比主动离开，如果你遭到了背叛，那对过去关系的感觉就截然不同了。

放手第一步

对于我们中的很多人来说，当需要放手的时刻来临时，我们迈出的第一大步是：取下结婚戒指，并慢慢习惯手指空空的感觉。而这，仅仅是漫长过程的开始。我发现这是整个过程中最困难的事情之一，因为我无法忍受它传达出的含义：缺失和永久的挫败感。

我曾一度陷入消极和忧伤，然后决定扭转现状，寻找一些积极的事情来做，于是我为自己买了一枚漂亮的戒指，戴到左手无名指上。我称之为我的“自由之戒”，因为它象征着我对整件事的态度。我并非为我的婚戒找了个替代品，也不是要抹去它在婚礼上代表的意义，只是在糟糕的境遇中寻求积极和快乐而已。我也并非试图重建我的过往，这个我永远无法做到，因为原来的戒指代表着这样一种生活——充满希望和爱，直到死亡将我们分开才停止。实际上，我是为佩戴重要的戒指找寻一种新的方式，我选择以崭新的戒指来描绘我崭新的未来。

现在的一切都晦暗无光，这枚戒指并非要取代任何东西，但它是放手过去的重要一步。那个旧的白金圈圈曾代表了我所有的"永远"。我从未取下过婚戒，不像有些女人那样，在清洁浴室或游泳时会拿下来。自从我说出那句"我愿意"，戒指就从未离开过我的手指。一旦取下，我的手指显得如此陌生，每次低头看去，我都感到极度的悲伤和彻底的失败。此外，我的手指上留下了非常明显的凹痕，数月后才恢复。这件事可没人告诉过你！而戴上新戒指后，我就拥有了未来的一小部分，可以将注意力聚焦于此。

如何抛却旧爱

耽于幻想关系中的美好部分是人类的天性，你会想，如果在一起，你们会是多么幸福喜悦、美好快乐。我建议你试着平心静气地看待你们关系中的好坏两部分，保持平衡。虽然这在分手后的短期内会很困难，但时间过去后它将变得容易。在最初的日子里，列出这些事情（你不满意的、令你伤心的、你再也不会做的）会有帮助。这有助于你摆脱旧的关系，把那些负面体验抛在身后。它还能帮你辨别出在未来的关系中想要避免的事情。现在它的作用是，提醒自己看到摆脱这段关系会带来的积极方面，这将帮助你把焦点从关系结束的原因和你的缺失感上转移开来。

效果明显的实用方法

有一些技巧你可以尝试，例如，我常常禁止客户说前任的名字。这听起来有点怪，但现在你的前任已经从你的生活中走出去了，去掉他/她在关系中的私人属性是一个很好的方法，以使你开始向前迈进。如果需要提到他们，可以用首字母代替名字，例如“理查德”（Richard）可用“R”来替代，然后统计你使用“R”这个字母的频率。每次使用都要特意关注，这样你就能把它从潜意识提升到意识层面，这意味着你重新掌控了自己的行为，并开始减少前任对你的情绪控制。下面的方框中列出了其他一些方法建议，也适用于应对悲伤和放手过去。

如何消除心中的伤痛

- 不要戴着玫瑰色眼镜（过于理想化、乐观、感性地）看待你们的关系，要聚焦于那些不完美的事情。要意识到那个你爱上的人已不复存在，他/她已经变了，从某种程度上说，除了在你的脑海中，他/她可能再也不会在现实中出现了。
- 不要再讲述你的故事，否则你将一直重复体验负面情绪。
- 与那些让你感觉良好及能帮助你前行的人在一起。
- 计划好每日行程，让自己忙碌起来——走出家门并保持活跃至关重要。
- 明白哭泣真的没关系，因为它是治愈过程的重要组成部分。

- 理解情绪的时起时伏属于正常现象，有些天你会很坚强，有些天你却觉得一切都令人绝望。不要灰心、气馁，你会渡过难关的。
- 每天写日记，记下自己的感受。它能宣泄情绪，与此同时，待你回过头来再次阅读时，它会显示你已经走了多远的路。这是一种释放大脑空间的绝佳方法。
- 锻炼身体，即使只是轻快的散步也对你大有裨益。
- 不要害怕向专业人士求助。去向你的家庭医生、指导师和治疗师寻求帮助，因为这很可能会加速你的恢复过程。

“放手”如何在实践中产生效果

我有一位客户的伴侣在和她共同生活了11年后离开了，为了让自己从深切的悲痛中恢复过来，她采取了切实可行的措施，分成多个步骤进行。接下来，你将看到她用来减轻心碎痛苦的方法。这位客户在我诊所的沙发上啜泣，因为她丈夫说了不爱她，然后就走了。她的心完全碎了，彻底被悲伤和极度的缺失感压垮。她在事业上飞黄腾达，却因家庭的土崩瓦解而恼恨自己，她控制不住哭泣，也无法停止思考她可能做错了什么。

然而真相是，她在过去的18个月里一直怀疑出了什么问题，因为她的丈夫日益疏远了她，不再那么充满爱意。过去他总是在周五带鲜花回家，但在那段时间里次数减少了，其他一些她从前认为理所应当的小事情他也做得不多了，比如周日端一杯茶到她的床头，在她最喜爱的作者出版新书时帮她买回来。

起初她因为太过忙碌而没有真切地注意到，但随着时间的推移，她开始对此感到悲伤。每当她提及此事，他就对她说抱歉，告诉她自己也很忙。每回他们为此争论时，她说觉得他不再爱她了，他则指责她要求太多。

过去的6个月里，他们的性生活次数逐渐减少，但她认为这要归咎于他们已经在一起太久了，共同生活了11年后，性生活不再那么频繁也是很自然的事情。我的客户忙于自己的工作，尽量不去想它，毕竟他们仍然有一个关系密切的朋友圈，能够一起享受有趣的社交生活，所以她觉得这并不全是坏事。

分手给她的感觉就像被一列装满了货物的火车撞了一样，她内心崩溃，自信心降到了谷底。她来找我，想知道如何才能感觉好些，因为她丈夫已明确表示不会回来了。她感到自己对此有一部分的责任，真希望自己曾投入更多的精力来解决这些问题，使情况不至恶化到如此境地。

在上了我的辅导课程后，她掌握了一些工具和技巧，可以使自己感觉更好，并继续自己的生活了。她重新掌控了自己的情绪，并对未来的生活描绘出了自己渴望且热爱的蓝图。她使用以下策略成功地做到了放下过往：

- 不对任何愿意听她倾诉的人讲述自己的悲伤故事，只让自己和几个亲密朋友看到自己的负面情绪。
- 任何时候都不使用前任的名字，如果非要在谈话中提到他，她会使用他名字的首字母。
- 列出她对他们关系的不满意之处，迫使自己摘下一直戴着的玫瑰色眼镜。

• 切断与旧记忆的关联。她是这样做的——把他给她买的晨衣收入储藏室；戴另一条项链，而不是他为她买的那条；把他最喜欢的椅子搬到某个角落里，使它不再是房间中的焦点物件。

• 切断一切社交媒体联系，不因它而自我伤害，也不在网络上追踪她前夫的消息（见术语表）。

这位客户仍然时不时地匆匆来到我的诊所，因为有新的挑战出现，而且她现在也领会到了立即处理问题的重要性，不能让事情恶化。她最近又来了，因为她觉得自己已经准备好重新开始约会，想得到一些这方面的帮助。她已经对前夫放手，准备开始寻找新的爱情。

背叛之痛

当一段关系走到尽头，背叛真的是最复杂的情感。其实，心碎的感觉就像是对彼此承诺的一切的背叛，因为它是对未来和梦想的承诺。违背结婚誓言或其他诺言是另一种令人心碎的伤害，无论哪种情况，后果同样伤人。

发现伴侣不忠会让你的整个世界崩塌，因为你会开始怀疑自己生活的各个方面。我看到客户几乎要被没完没了的自问逼疯了，但真相是，你永远也得不到你想要的答案，因为即便是那些不忠的人，也常常真的不明白自己为什么要那样做。这些问题变成了折磨人的仓鼠轮，令你饱受无尽的痛苦——“他/她为什么要这样做？”“我怎么了？”“为什么有我了还不够？”“还有谁知道这件事？”“他/她还有什么事瞒着我？”

每个人应对背叛的方式不尽相同。有些人的立场黑白分明，一旦伴侣出轨，二人关系当即告吹，再无回头可能；而另一些人则能够选择宽恕并重建互信。任何决定都没有对错之分，它实际上取决于你的信仰、价值观和环境。在我的诊所里，我从客户身上看到的常见反应是不忠造成的伤害和痛苦，甚至最顽强的人也会备受打击，他们曾拥有的生活被彻底搅乱。寻找事件发生的原因线索当然是很自然的事，但重要的是要专注于做你能做的一切，以使自己当下的感觉好转，不要把精力浪费在那些你可能永远也弄不清楚的事情上。

我有一位客户开了一家自己的食品公司，后来遇到她丈夫并让他入股企业。他们一起经营,生意做得风生水起,但之后事情分崩离析,离异后，她的前夫最终买断了她的股份。我客户最难过的是失去了工作上的朋友，其中有些人从公司成立之初就一直和她在一起。有个女孩签了短期合同，和我的客户很亲密，甚至在她家里住过一段时间，但当婚姻终结，她处于困难时期时，这个女孩却直言自己要效忠的对象是公司老板，也就是那个发她薪水的人。

这些人不值得你耗费时间，所以请把精力放在那些值得的人身上。

如何抚慰背叛之痛

最佳建议是不要担心无法控制的事情，而要把注意力转回自身以及如何开始让自己感觉良好上。以下这些技巧有助于你做到这一点：

- 不要再用那些令人疯狂、来回兜圈子的问题盘问自己了。开始问更多给人以力量的问题，就像我在第4章中讨论过的：“我能做些什么让自己感觉更好？”

- 不要压制情绪（见术语表），发泄出来，哭吧，没问题。
- 信赖你的好朋友、家人、离婚指导师或家庭医生，并与他们谈心，讨论你内心深处的恐惧。
- 尝试我在第3章中提到的“摆脱消极情绪”练习。
- 如果你感觉遭到背叛了，可以尝试我在第4章中提到的那些重建信心的练习。

请记住，对未知的恐惧最可怕，因为它会让你的大脑过度兴奋，执着于回忆过去，对未来惶恐不安并始终描绘最糟糕的场景。这就好像人脑完全懂得如何折磨我们一样，与前任伴侣的每一个关联，无论多么微小，都像用刀刺我们的心脏，因为痛苦的事情会不断纠缠困扰着我们。

在决定下一步行动时，将控制权从你伴侣那里夺回来，不要失去对事件的控制，因为如果那样的话，每个人都将深陷分手泥潭中。按照你自己的方式和节奏向前行进，如果你还没有准备好，不要急于回复短信或接电话。

何时放下朋友

分手时朋友面临的最糟糕的情况是，他们可能感到自己不得不支持其中一方，所以当他们认为需要支持你的前任时，你要做好失去朋友的准备。有些朋友忠实于你的前任，他们将很难再与你做朋友；而另一些，你本身可能就不想再和他们来往了。有些友谊的中断是你无法选择的，这可能会让你感到自己被抛弃了；有些人则几乎完全预料不到，他们会在你最需要的时刻陪着你，给你关爱。

我离婚时经历过这种情况。我曾和一些自认为是亲密朋友的人一起工作，但他们最后待我很差。让我惊讶的是，我为之付出了这么多的人竟能如此冷酷无情——不过不得不与残忍相伴的是他们，而不是我。然而，也有一些情况让我很受感动，有些人的行动远远超出我的预期，这里要特别提到一位同事兼朋友，她在我婚姻破裂之前一段时间就离开公司了，却一直鼓励、支持我并表现出很大的勇气，真是个了不起的女人，我将永远感激她。

我有一位客户叫简，她有一个很亲密的已婚朋友叫萨利，并认为一切都能依赖萨利。简的孩子和萨利的同龄，她们已是多年的密友。起初萨利非常支持和理解简，组织女孩之夜[①]，提供美酒及可供哭泣的肩膀。她知道简的婚姻里有很多麻烦，也知道她的离婚非常棘手，那些事都对我的客户和她年幼的女儿产生了不良影响。

有件事让简觉得非常为难，她发现女儿对她前夫的新家很着迷（他抛弃了简，又和新伴侣生了很多孩子）。让我客户感到非常不安的是，她女儿突然拥有了完美家庭（有了新的兄弟姐妹），而这却不是简提供的。简一直希望有一个大家庭，但已经无奈接受了这个现实——她的梦想不可能实现了。另一个事实也让她苦苦挣扎——她的小女儿拥有了另一个世界，而她对它一无所知。

事情发生在一个夏天，简的前夫带他们的女儿出游，而萨利一家也

① 指只有女孩参加的夜晚聚会。——译者注

在附近度假。萨利邀请简的前夫到她的别墅里住了好几天，显然他的新妻子和所有的孩子也去了。假期结束后，简不得不站在学校操场上看萨利用手机拍摄的照片，里面是她女儿和“新妈妈”及“兄弟姐妹”一起玩耍的场景。萨利觉得这没什么大不了的，但简觉得这是背叛，尤其因为她很清楚自己无法忍受女儿出现在另一个家庭中。我的客户采取了明智的措施来避免这种伤心事，比如不登录Facebook查看她前夫发布的信息，但她还是一直被迫面对现状。这是一个明显对“忠诚”这个概念的认识有分歧的例子，即使是那些看似很小的误会也会让你退缩。简有一个阿喀琉斯之踵（Achilles Heel，喻指致命弱点、死穴），而萨利试图与两边都保持朋友关系，这在无意之间戳中了简的要害。

不同类型的友谊

分手后，当谈到朋友和新的相处方式时，最好先看清界限和步调，这有助于在任何人都无须妥协让步的情况下保持友谊，例如，如果你的朋友决定和你们俩都保持联系，你可能就会要求他们不要在你们之间传递任何有关对方现状的信息。你和前任在一起的这些年里，你们会把不同的朋友带进自己的夫妻圈子里。有些人先结识了夫妻中一方，而后成了夫妻双方的朋友，他们可能是你们青梅竹马的朋友，可能是同事；如果你有孩子，有些朋友甚至是在学校结识的。你应该试着记住，你的分手也会在你朋友们的生活中产生涟漪效应，其程度将取决于分手状况，如果大家平心静气，你可能很容易和朋友维持关系；如果你正在“强制斩断”（见术语表）这段关系，可能就没那么容易了，不过从你朋友的角度来看，这是个好主意。

你可能会发现，朋友知道你分手后会很尴尬，尤其在你们两个在他们看来都很不错的情况下。我经常听到客户抱怨，有些人本来是他们的朋友，最终却决定和他们的前任继续保持朋友关系，还会说："他/她没对我们做过任何坏事。"这让他们很难过。的确，这可能很伤人，因为你希望那些你爱的人站在你这边。但恐怕你无法控制他人的反应和选择，所以鞭打死马[①]毫无意义，你所能控制的是你自己的反应和应对方法。

如何减少分歧

"换鞋"（见术语表）是我教给客户的一项练习，可以在分手过程的任何阶段使用。它能让你从他人的视角看问题，缓解彼此的紧张状况，使你以开放的心态看待事情。我们都假设他人对世界的看法和我们一模一样，但事实并非如此。我们有不同的经历、价值观和信仰，这些因素决定了我们处理信息的方式和面对信息的反应。为了让这个练习取得良好效果，你必须把自己的观点搁置一边，并愿意采取不偏不倚的态度。"换鞋"技巧的使用对象可以是你的伴侣和朋友，它能让你了解不同的观点。

练习：换鞋以改变你的看法

把你伴侣或朋友的鞋穿在你自己的脚上（站在他们的立场上），以帮助自己理解他们为何会有那种反应。

1.做几次深呼吸，确保你能以开放心态正确、诚实地做这个练习，即便结果证明错了的是你。所以你确实需要勇气来面对这一切。但有利的一

① Flogging a dead horse，意指白费功夫、徒劳。——译者注

面是，你将能更清楚地了解当前真正发生的事情，并很有可能不会把精力浪费在对非现实状况的担忧上，从而有助于避免加剧你们之间的冲突。

2. 站在你朋友或伴侣的立场上。光以他们的角度看待问题是不够的，你需要真正“进入”他们的身体——不但跟着他们的视角，还要代入他们的信仰、态度、个人经历和背景来观察这个世界。

3. 想象你就是那些和你讨论那个令人苦恼的场景的人。想象他们可能持有的观点并提出来，以他们的方式表达他们的见解，并找到令人信服的理由来支持这些观点和表述。这将使你有能力从他们的角度理解事情，并了解到他们可能并没有任何恶意，只是以在他们看来最好的方式做出反应。或者它也可能表明，你朋友并非最关注你的利益，然后你就可以决定如何或是否继续这段友谊。

如何共享友谊（也可能无法共享）

你如果和前任有孩子，就不得不和他/她保持联系（即使你不愿意）。而其他人的去留则由你来决定。你只要坚持清晰、适宜的基本原则，保持共同的友谊是有可能的。但对我来说，这并不是我真正想做的，因为我需要新的开始。我觉得，由于我们分手的情况非常惨烈，再让朋友夹在当中或必须保守秘密是不公平的。我所有的友谊都建立在互信和诚实的基础之上，如果他们与我的前夫一直有来往，那我就不可能安心自在地向他们透露我的感觉和所做的事情。

所以我放弃了一部分友谊。这总是令人感伤的，但幸运的是失去的不多，我最亲密的朋友们都坚定地站在我身旁，给了我难以置信的支持。我将永远心存感激，当我的自信和自尊已落到谷底时，我的朋友和家人让我感受到了爱。

用坚硬的外壳武装自己

有些朋友选择离开，这可能会让你情绪低落或感觉遭到了背叛。我的建议是要像有“特氟龙”[①]（见术语表）保护层在保护自己一样，随它去。请记住，人们聚聚散散是很正常的事情，你不可能强迫他们留下来。每个人都有自己的理由，只是我们有时并不了解它们而已。有“特氟龙”保护层的意思是你要坚强，就像水从鸭子背上滚落，你要让不好的状况从你身边滚走。想象你穿着一件特氟龙材质的连体衣，甚至脸部也被遮住了。任何负面的东西碰到你都会弹回去，无法对你产生不利影响，这样你就能避免受伤，保持清醒的头脑并积极向前。这是你保护自己，战胜任何挑战的方法。

告别不支持你的朋友并向前迈进

我强烈建议你做一下筛选——停用社交媒体，这样只有你最亲近的人才能了解你的现状。那些恶意伤害你的人将不得不独自生活，从长远来看，他们伤害的人只是他们自己。做出正确的决定并适时放手，请记住，怨恨和悲痛会阻碍你一路向前。

你现在有机会重新规划一切，包括和谁来往、让什么人进入你的核心圈子。至于那些不站出来支持你的人，就让他们走吧！一旦放弃了那

① Teflon，一种有机合成材料，优点是不黏附、耐高温低温、耐腐蚀等。——译者注

些生活中不需要的人，你会觉得轻松很多，就像体重减轻了。有时是要痛下狠心，这没问题！

放下你的姻亲

当然，如果你和前任仍能友好相处，那你和姻亲也能继续保持健康关系，毕竟你和他们一起经历了很多，他们一直是你家庭的一部分。我的建议是，对他们开诚布公地说明你的需求，并问清楚他们的意愿。如果你能找到皆大欢喜的解决方案，就相当于拿到了额外奖励。但也要做好准备，如果你的前任遇到了新伴侣，情况也可能发生变化。

如果你们有孩子，你前任的大家庭将会持续带来问题，你可能难以决定如何或是否和他们保持联系。如果你孩子的（外）祖父母想见他们，你就要想办法安排。如果他们决定和你的前任一起看孩子，那你就不用和他们待在一起。别太在意这个，他们这样做或许是想让你轻松些，或者有可能你的前任更喜欢这样。对于那些姻亲来说，这一点尤其棘手，不管已变得有多爱你，他们总是更偏爱自己的孩子。他们会为自己的孩子创造最好的生活，当你的前任遇到新伴侣时，那个人很可能就像当初的你一样被你前任的家庭接纳，这时你和前任姻亲的关系将不得不改变，你必须面对现实，认识到自己对他们没那么重要了。

换位思考一下——如果你的孩子处于同样的境况，你会有什么感觉？当然，你会把重点放在他们身上，努力让他们再次绽放笑容。你能做的就是客观对待自己的期望，通过建立新团队和支持系统保护自己。要尽一切办法保持友好，但也要承认并接受界限已经有所变化，并管理好你的期望值。

这不一定会造成另一次心碎，你可以像对待离婚那样处理——不要感情用事，要客观实际，牢牢盯住你未来的目标。

在下一章中，我将向你展示如何创造引人注目的未来，这样你就能打破自己心中的固有想法，从对过去感到哀痛转变为对未来感到兴奋。你将不再把所有时间用于回忆过去，想着这个过程中可能失去的朋友和家人，因为你需要全身心投入你的新生活。你将需要关注新机会、新朋友，它们会占据你的脑子，消耗你的精力，让你再也无法回头。这一切都是为了继续向前。

第 6 章

如何创造你想要的生活

如果始终不翻页，你将无法阅读生命的下一篇章。

——谚语

很多人在生活中被难题困住时，总感觉自己无能为力，无法在恢复的道路上迈出第一步。对于来找我咨询的新客户来说，这也往往是他们在分手的过程中会遇到的问题。他们知道自己必须规划新的未来，但不知从何做起，很容易掉进“我不知道该如何继续生活下去”的陷阱而爬不出来。当没完没了的法律问题终于处理完毕后，你那些没离过婚的朋友相信你的状况已经好转，并回归自己的生活，可恰恰在此时你会碰到这个问题。这有点像丧偶后的伤痛——震惊渐渐过去，所有文书工作也已完成，这时你面对的只有空虚。对有些客户来说，如果他们的婚姻或恋情不顺，伴侣不鼓励他们培养独立性，那困难就会加倍。他们根本不知道从哪里入手，觉得要实现巨大的飞跃是相当可怕的事情，前景堪忧。结果就是，他们什么都不做。本章的重点是要说明，即使是最微小的行动也是向前迈进的一大步，我称之为“铺路石”。我们在第4章中提到过相关例子，讲的是我的客户想通过上舞蹈课来重建她的自信。

采取积极措施，摆脱不确定性

在离婚或分手的过程中没有太多的确定性，不确定性会强化压力和负面情绪，从而阻碍对未来的设想。许多你曾认为理所当然的事情现在都悬而未决，比如你要去哪里生活、你的新生活会是怎样。看到隧道尽头的光明不易，当你的财务、生活方式、希望和梦想都起了变化，而你几乎无法控制时，你会惊慌害怕。你已亲眼看见分手炸弹爆炸了，所以现在应该开始展开清理工作，而不是沉溺于痛苦之中了。是时候向前方进发了。

可以利用我的“铺路石”练习做出一个个微小的改变，这将帮助你夺回一部分生活的控制权，并开始聚焦于一些急需关注的地方。这也有助于稳定你的情绪，让你重新掌控自己的生活。分手是重新设计你的生活的重大契机，能够让它呈现出你希望的样子，也就是说，你有机会为自己打造一个迷人的未来，它的美好会让你兴奋不已，迫不及待地想要拥抱它。为了实现这个目标，你必须清楚地知道自己的愿望，然后制订计划，把它变为现实。

从完全依赖到彻底独立

生活中，人们与所爱之人相处的方式五花八门，婚姻破裂后，有些人对照料自己感到痛苦万分。我有一位60多岁的客户，她丈夫为了一个年轻的同事离开她时，她依然过着有点老套的生活。他们从十几岁起就一直在一起，她为了照顾家庭而放弃了工作，孩子长大后，她丈夫的收入足以让她继续做全职太太，所以她从未重返职场。30多年的婚姻生活过去了，有一天晚上，他回家告诉她他要走了。最初的震惊和痛心消退后，严酷的现实摆在了她的面前——她连一些最基本的事务都没有亲自做过。她对他们的财务状况一无所知，甚至不知道他们目前的银行账户的网上登录信息。她从未做过这些事——订机票、兑换货币、转账、查存款、付账单、续签手机合同，她去看住在英格兰北部的姐姐时用到的火车票甚至都是她丈夫为她订的。她感觉自己似乎不具备任何生活技能，所有技能都交由她丈夫掌握。这是个典型案例：她完全被限制在婚姻内，她的丈夫掌控了她的生活。

我们一起努力，一点一滴地处理事情。首先解决重大实际问题——设定她自己的密码，把家庭账单转到她名下，开通她自己的银行账号。这些只是最初的小进步，然后我们转向一些更大的事情，比如预订安排她的第一次独自旅行，或者独自去餐馆吃饭。最后，有一个重要步骤是度假，由她自己预订并单独前往。她很快就取得了出色的进步，但也常常被一些小事打败，比如旅行前发现护照需要更新，而她对此毫无头绪，感到无从下手。

她的情况多多少少也会发生在我们身上。显而易见，有一些界限需要受到尊重。当我们和某个人的生活融合在一起、共同创造新的未来时，确实会放弃一部分权利和责任，我们称之为“妥协/让步”。以我为例，回顾过去时我能看到，为了让我们的关系更融洽，我放弃了自己的一部分梦想和价值观，并认为这样做能让他更爱我，两人间的矛盾也会更少些。对于那些很年轻时就在一起或共同生活了很多年的伴侣来说，这些模式会变得根深蒂固。当二人的联合体解体时，双方都需要彻底重组。就我的客户而言，她必须学会自己处理所有事情，而她的前夫大概不得不为下一段关系改变自己的行为。

正如你将了解到的，分手过程包含很多阶段，从进入“铺路石”阶段的那一刻起，你将开始坚定地离开旧关系，把自己从已经结束的一切中彻底分离出来。

这是一种终极痛苦——在你心碎时最想要且最需要的人恰恰就是那个将所有伤痛带给你的人。你感觉左右为难，一边是爱着一个不想要你的人，另一边是明白有一个更大的世界就在那里，却觉得自己无法抓住。不管怎样，正如我们之前检视过的，找回真正的自我是让你返回正轨的不二法门。

找回真我

“找回真我”是一项重大的搜救行动。正如我们所看到的，完全失去自我可能始于和某人一起生活——你们彼此心灵相通，往往一方说了上半句，另一方就能接下半句；你们开始有相同的兴趣；接下来嘛，你知道，你们会有相同的观点。事实上，你们当然可能在很多问题上达成共识，这也是把你们紧密联系在一起的重要因素，而坠入爱河时，你们在双方差异的中间地带相遇，会立刻调整自己的行为，以使关系更亲密。人类确实如此——一个人的思想能影响另一个人，当我们做出使别人感到开心的举动时，我们会立即记在心中。如果我们知道某件事能取悦他人，当然会去努力重复。对一个人的爱包括希望他快乐。你一旦不再和那个人在一起，就不得不首先问自己：“我要做这个选择是因为这样做是对的，还是我已经习惯了？”

我们习惯于为对方生活和呼吸，根据对方的需求来改变自己的日程和感受。意识到现在只需对自己负责时，独自生活的我们就会莫名恐惧。你曾依恋那个现在需要远离的人，改掉这个习惯得花很长时间。即使问题已存在了一段时间，一旦你们不再生活在一起，你仍然会有缺失感。我们已忘记如何把自己放在第一位，所以必须重新学起来。其实很多情况都是暂时性的，情况总在不停变化，我们无法阻止。试图紧紧抓住我们爱的人不放是人类的天性，对于任何熟悉的东西都是这样。分手降临时，我们明白了没有什么是永恒的，于是被这想法震惊得睁大了双眼。那个你认为会与之相伴终生的人在一定程度上决定了你对自我的理解和定位。

每一个微小的收获都能深深鼓舞你

接下来的练习将向你展示如何通过“铺路石”技巧来逐步朝你的目标迈进。每向前走一小步时，即使是最微小的收获也值得庆祝，因为它对塑造“新的你”做出了贡献。我们无法控制任何与我们互动、和我们有关系的事情和人，也无法阻止人们不再爱我们或恶劣地对待我们，但我们能够掌控自己的反应。“生存与发展的4个关键点”是重要原则，此时提醒我们，虽然我们不能对他人的行为负责，但我们可以承担自己的责任、获得清晰的认识、收回控制权并专注于积极向前行进。

你的未来就在那里等着你，那时你将拥有一切想要的东西，它的到来取决于你在经历了改变人生的分手事件后如何重塑自我。现在关键时刻到了，你需要坚强而独立、厘清自己对生活的期许，所以在这个阶段，远离别人强加给你的观点至关重要。

你的伴侣有段时间是你的唯一挚爱，但随着时间流逝，这会发生变化。人与人建立关系是常有的事。只有双方共同努力时，“你是我唯一的真爱”这种事情才真的存在。你的前任并不是你的“唯一”，我们每个人都可能拥有多个真爱，你必须放下前任，让自己独立。另一方面，新的未来也在等着他们。

当你处于一段关系中时，无论好坏，你都会一直维护这样的想法——你们是一对佳偶。而等到你不再这样做时，关系破裂了，它就不再是真的了，这意味着你需要一个新的真相。因此请记住这一点，刚分手的你需要进入改变期，采取一些小的行动来应对。这可能改变你日常生活中的很多琐事，并和一切与痛苦的过去有关联的东西告别。

你被分手事件压垮，无法继续生活，感觉自己就像站在一座大山的山脚，抬头望去，你的未来生活远在高耸入云的山巅。如果分手是一座大山，没人指望你会像超级英雄那样一步登顶。就算在花了很多时间之后你只是害怕地仰望着它，起码也是承认了它真实存在并有待处理。直视前方的任务是解决问题的第一步，也是最重要的一步。

要想做到这一点，你需要转移关注点。想在分手时这样做并不容易，因为你感到孤寂凄凉，认为自己可能再也不会感受到幸福了。你会想翻来覆去地回忆各种细节，用重温血淋淋的点滴记忆来惩罚自己。陷入回想分手前、中、后各阶段各种事件的怪圈完全正常，然而，如果你想继续前进并更快痊愈，就需要把注意力转回你自己身上。你需要停止回想你的前任，开始专注于创建你渴望的未来。这项任务异常艰巨，我曾经历过，所以知道。关键是要一步一步来，不要对自己期望过高，每个人都有自己的节奏，我会帮助你找到你自己的。

练习：通往目标的铺路石

1. 找一大张纸，写下所有你在未来想拥有和想做的事，以及你想成为的人。不要担心在现阶段你要如何实现它们，用头脑风暴法尽情想象，比如培养新爱好、找新工作、开始新恋情。你可能想要学习烹饪、获得更多乐趣、去新的国家旅行、变得更健壮……不论目标大小，只要先写下来。

2. 圈出你一生中最想实现的 3 个目标。

3. 拿出另一张纸，写下第一个目标，然后在它下面写出你目前为了这个目标可以做的 3 件小事，例如：

目标：在本地结识一些新的单身朋友。相应的 3 项小行动是：

a）在外出时多微笑、多和人交谈。

b）研究我可能想加入的本地俱乐部和想参加的课程。

c）至少报名参加一门课程。

这 3 项小的行动是你接近主要目标的“铺路石”。

4. 对选定的 3 个目标重复步骤 3。

5. 把这些目标和相应的“铺路石”行动写在即时贴上，贴在你每天都能看到的地方。（我贴在了冰箱门上）

6. 投入精力付诸实施，并不断为你的目标创造“铺路石”。

在限定时间内组织思维

关键要有时间限定。当一切在你周围打转时，特定范围的时间能让你判断哪些事情可控，哪些事情可以保留。

我们在后面会谈到如何再度约会，“铺路石”技巧同样适用。如果你的目标之一是找到乐趣和新朋友，那么需要有计划地去实现。要做让你舒心的事，也许直接考虑接受善意朋友牵线的相亲不是很合适，但可以加入约会网站，这样你就能毫无压力地看看外面的世界，并从中获益。重新开始约会是重大进步，上网浏览并喜欢上某人的样子与精心打扮后在酒吧和陌生人聊天有天壤之别。你要按照自己的速度推进事情的发展(我将在第8章详述这个问题)。

要做好准备。你的伤痛感觉可能会持续很长时间，就像这个过程中的任何方面一样，应对这些早期情况的方式将深远影响你打造自己新生活的能力。如果有必要，你可以通过一些细小的步骤，帮助自己逐步向前，注意不要停留在分离的痛苦中止步不前。你可以根据自己的每个新目标设定节奏。

变得顽强

处境艰难时，有一个可以倚靠和使用的方法总是有帮助的。我创建了“3S系统”（见术语表）——走近它（Step Up)、接纳它（Suck It Up)、解决它（Sort It Out)。想象你面对当前的困境，除了应对之外别无选择，只能看到自己的顽强并进入角色。深呼吸，想象你正从呼吸中汲取力量，然后问这个新的、更坚强的你，现在能做哪件小事来让状况好转。在这种积极的状态下，你将找到更好的答案来帮助自己前进。

如何处理无意间碰到前任的情况

如果你和前任到了一个圈子里，或身处同一事件中，这种情况可能发生。那么你要怎么办呢？是躲在家里逃避这种时刻，还是出去冒险？

这的确取决于你们的关系是如何结束的，以及你们是否仍然友好。如果你心碎成渣，前任在你身边时，你无法正常表现，那你就要慎重考虑如何做决定了。

现实是，生活还要继续下去。如果提出分手的是你前任，那么你应该也不希望再见他/她了。最好现在就找到解决方法，而不是等到以后。有时候好东西会支离破碎，而只有这样，更好的东西才会聚拢过来。你面临的不全是厄运。而如果是你主动结束了这段关系，并担心你的前任不愿意见到你，那么对你来说很关键的就是在对他们的感觉保持敏感的前提下，避免妨碍你自己的生活。

做好准备

你能做的最好的事情就是为可能的碰面做好心理准备。如果你们可能出现在同一场合，那就努力打扮自己，因为这能提升你的信心。让他/她碰到在派对上光彩照人的你比偶遇小店里没理头发的你要好很多！

如果你不小心遇到了他/她呢？你最好有个计划，彻底想清楚再次碰到他/她时自己会做何反应。你可以使用我称之为“脑内电影”(见术语表)的技巧，在头脑中想象见面时的场景，进行模拟练习。看到自己应对自如，你会感觉自己非常强大。

练习：使用“脑内电影”来想象你坚强应对的场面

1.在你的头脑中想象这个活生生的场景。就像在电影院里看电影那样，让这个场景动起来，这样你就能在其中看到自己了。在这种情况下，你可以控制事态的发展，可以想象事情进展得相当顺利，一切都在为了你而完美地运转着。

2. 随着事情的发展，看到自己像内心希望的那样冷静而自信地处理一切。

3. 想象你会大声说出的话，反复排练几次，这样你就能听到自己在理想场景下会说什么。

4. 留心感受那种掌控局面的感觉有多好，在明白事情进展得和你想象的一样良好后就可以结束了。

5. 此外还要准备好逃跑策略，这样你就能轻松地找借口离开："对不起，我必须马上走，因为要去见某人，见到你很高兴……再见！"现在你可以确信，一旦出现这种情况，你将能够冷静处理，因此，对遭遇前任的担心将不会妨碍你重返社交场合。

不要表现得不知所措且闷闷不乐

不论这段关系是如何结束的，如果你能保持高姿态、表现出友好的态度，那么自我感觉会很好。毕竟，你想给对方留个好印象，让你的前任对你有好的想法。这甚至可能会让他们意识到自己错过了什么！

微笑是面对突如其来的震惊的强大武器，能消除敌意，让对方安心，让自己放松。它也能为你赢得做一次深呼吸，提出问题以将注意力从自己身上转开的时间。如果你能再发表一条精彩的评论，事情也更容易顺利发展。

除了利用"脑内电影"练习，你还可以尝试以下方法：

1. 微笑

2. 深呼吸

3. 说“见到你非常高兴”或“你看起来真棒”

4. 问“你还好吗？”

不过不要觉得你必须留下来聊天，可以安心地说一些上述练习中推荐的话，比如“我得马上走了，因为要和别人谈话”。

做好准备是一种好方法，可使你有能力自己应对困难处境。你将能安然自得地容许自己出门，进一步融入这个世界，而不是惴惴不安地把自己锁在屋子里与世隔绝。保持开放的心态，当更多机会冒出来时，你将能敏锐地注意到它们。

请记住，生活中总会有人来来往往。走出家门吧，即使你已心碎，走出去才更有可能遇到新的人，结交新朋友，为自己创造更多鼓舞人心的机会。

不要让过去的关系阻碍你拥有新恋情，你永远不会知道未来会遇到什么。我有一位60多岁的客户，她担心会遇到她的前夫，因为他们依然住在同一个城镇上，这对她的生活产生了巨大的破坏性影响。她开车到达本地超市时，会在车里坐一个多小时，吓得动弹不得，唯恐他在里面。有时她甚至不去商店，因为太害怕会看到他。她来找我咨询时，我们做了“脑内电影”练习，她想象着走进超市或商店，充满自信，并看到自己走路的样子及发现他时自己会有的反应。她一丝不苟地完成了我们的会谈，生动地想象自己在感知信心、控制情绪。我们还练习了大声说出她会说的话，以及她如何迅速而轻松地撤离。我们排练了很多次，很快她就觉得像真的一样了。“脑内电影”对她产生了很大的积极影响，后来再去购物时，她能够径直走进去，感觉轻松自如。现在她有了一项技能，无论何时,只要出现因害怕碰到前夫而妨碍自己生活的情况,她就能将“脑内电影”拿出来操练一番。

和正离婚的伴侣一起生活

在离婚过程中，你可能不得不和对方一起生活，那是极度困难的。我有一些帮助你渡过难关的建议：

集中精力推进离婚文书工作，尽可能减少延迟。尽可能按时、准确地完成文件。与你的律师或调解人协作，以保持整个过程平稳顺畅。如果你的丈夫/妻子看上去在拖延时间，就找你的律师寻求建议，让事情进展得更快。永不放弃，别忘记隧道的尽头有光明，你必须始终专注于此。

拥有一定的私人空间。在家中创建属于你的私人空间很重要，你可以独自待在里面。在整个离婚过程中，你会经历很多不同的情绪，重要的是找出时间和空间来解决它们。即使家中的气氛很冷，如果能在你的私人空间中留下你生活过的痕迹，你将感觉更舒适、满意。像第7章的“与前任和孩子一起生活”部分建议的那样，创建一个属于你自己的专用区域。

更频繁地外出。如果可能的话，减少自己待在家里的时间，如果你有孩子,那可能会麻烦些,但这仍然不失为一个好主意。让自己忙碌起来，花时间和那些让你感觉良好的人待在一起。最好是走到户外去，而不是待在觉得自己不受欢迎的地方，不过若是你需要在家里守着孩子，可以试着和你的丈夫/妻子协商制作时间表，缩减你们同时在家的时间。确保自己有一个优秀的支持团队，这样你就不会感到孤立无助了。即便是和正离婚的伴侣住在一个屋檐下，你也会感到孤独，尤其在你们的关系相当紧张时。

避免冲突，在争论变得激烈之前找到应对策略。与对方保持对话，但要简短，不涉及有争议的话题。当你内心平静且能够头脑清晰地思考问题时，可以通过电子邮件来处理这些事情。

当你的前任建立新家庭时

当你走过甬道，说出你的结婚誓言时，你最不希望发生的就是将来对方与新伴侣生孩子。事实上，不管你对前任感觉如何，无论你的婚姻是多久以前破裂的，你们的关系真的彻底结束了，这让一切显得如此真实。你的前任已经决定和另一个人组成新的家庭，尽管你曾经梦想和他/她白头到老，这个童话般的完美结局就这么突然间如一缕轻烟般逝去了。对很多人来说，这个消息是毁灭性的，被抛弃感和失败感能让人动弹不得。而另一些人会感到释然，因为他们的前任在别处找到了幸福，这让他们有了自由的感觉，能够毫无愧疚地继续自己的生活。无论面对这个消息的反应是什么，你都要处理新情况，如果你和前任有孩子，那挑战就更大了。

这种情况也会改变你们孩子的人生，因为他们会有同父异母/同母异父的兄弟姐妹。他们将拥有另一个家庭，除非你与前任及其新伴侣保持友好关系，否则他们将会参与一段你可能永远都不了解的关系。

对于这些情况，我的建议总是一样的——为了你的孩子，请做正确的事。我知道这异常困难，你当然会愤怒和伤心，因为你很可能不希望孩子成为其他家庭的一员，但你是成年人，要给自己的孩子树立好榜样。请记住，他们正在向你学习如何对情况做出反应，并将带着习得的东西生活下去。

如何面对你前任的新家庭

以下是我的7大秘诀：

1. 让你的孩子远离负面情绪和想法。你不会希望他们在与同父异母/同母异父的兄弟姐妹建立关系时感到内疚，因为这会对他们造成伤害。
2. 将你的注意力从你的前任及其伴侣身上转移到你自身和你的生活上。如果你开始为自己创造精彩的未来，就将更好地应对即将到来的变化。
3. 要面对现实。你的孩子爱你，这一点并不会因为新生儿的到来而改变。
4. 别太在意这个。你的孩子会因为有了新的弟弟/妹妹而欢呼雀跃，这很自然，与他们对你和与你共同生活的感受无关。
5. 以和你的前任及其伴侣建立我所谓的“功能友好型”（见术语表）关系为目标。出于许多原因，分手的人们并不总能一直做最好的朋友。在某些情况下，如果对方背叛了你或待你很坏，我甚至不会建议你这样做，因为界限是恢复的关键，然而，为了孩子的利益，你们可能会克服一切难题，共同建立这种“功能友好型”关系。
6. 如果你已全面崩溃，则需要获取一些帮助才能继续前进。你不必长期陷于痛苦之中，也不该限定自己的感觉和余生的生活状态。你有权得到幸福，只是有时需要从家庭医生或离婚指导师那里寻求专业支持，以使你的生活回归正轨。

7. 提前做好计划，当孩子和你的前任待在一起的时候，你要想办法让自己忙碌起来。可以预先计划一些你喜欢、能让你开怀大笑的活动。

尽管目前还难以想象，但最终你可能会把它看作生活中的一件好事。无论发生什么，你都无法改变现状，所以受制于它实在没什么意义。应对的关键是聚焦于你自己，并为你和孩子创造精彩的未来。

现在就看你自己的了！

在我离婚的过程中，有段时间我真想教自己更多更好的应对分手的方法，所以我阅读了很多自助类书籍，以学习技巧和了解他人是如何处理困境的。我非常幸运，能和各位自助类专家一起探讨他们的窍门和建议。我很快意识到，治愈自己的责任就在自己身上，没人会替我承担。对这一点的理解是为自己创造新生活并不断前进的关键。以下问题能给你力量，你可用于自问：

• 关于治愈你自己的问题——“怎样做才能加速我的治愈过程？”

• 关于寻找新方法的问题——“我能寻找什么新的做事方法来让自己感觉更好？”

• 关于实践的问题——“如何能不情绪化地面对目前的境况，以使我不断向前迈进？”

- “我适合找哪些人一起搜寻答案？”

我完全明白，这一切都取决于你自己的情况，并非所有人的状况都像我一样极端——我不得不看着我丈夫的女朋友开着我们的车去兜风，在我们的公司工作，和我住在同一个住宅区内，就好像真的取代了我一样。我必须寻找新的目标和需要坚持做的小事情。在痛悼旧生活的时候，这些朝着新生活迈出的小步伐拯救了我，使我免于沉沦。

思考你现在能做而以前不能做的事情

有一件事对我产生了特别积极的影响，它也常常变成我客户的救生索，即创建一份“分手清单”。这个清单中所列的事情都是你一直想做，但和前任生活在一起时永远不可能去做的事。它包括你想去游览的地方、你永远不会做出的生活方式的改变，或是你想开始的新项目。我的一位客户一直想攀登珠穆朗玛峰，但他的妻子非常担心他会受伤，不让他去，所以他在自己的“分手清单”中写下了这一项，且在几周内就定好来年实现目标，并开始训练。他告诉我，他感觉这是他的转折点，因为他忙于和他的新朋友一起训练，为登山做计划，几乎没时间专注于过去的创伤。他有值得期待的事情，需要把所有精力都投入当下，他相信自己目前已开开心心地进入了人生的下一阶段。

一位女性客户来找我时悲痛欲绝，结婚43年后，她丈夫为了一个年轻女人离开了她。她彻底垮掉了，因为她年纪轻轻就和丈夫在一起了，并且严重依赖他，自己从未真正独立过。出城时负责开车的是他，处理家庭财务的是他，预订假日安排的也是他。现在，她第一次学习如何做这些事情，也学着面对被抛弃的困境，抚慰自己破碎的心。在一次辅导课程中她告诉我，她以前总想住在小茅草屋里。她喜欢乡村，希望有一间童话般的小屋，屋里要有一个燃得正旺的壁炉，但她丈夫一直希望住在城里，一心想着工作。她决定夺回一部分控制权，开始实施一项寻找乡村小屋的计划，仅仅搜寻了几个月，她就搬进了自己理想的家，有着漂亮的壁炉和茅草屋顶。她有了新的生活重心，很高兴在新的地方留下她生活过的痕迹。她甚至给它取名为“童话小屋”。她告诉我，尽管这不是她过去期待的未来，但对她来说，依然可以算作美梦成真。

练习：编制你的“分手清单”

1. 写一份“分手清单”，列出作为单身人士的你现在可以做的所有事情，这些事情你以前甚至从未想过去尝试。

2. 添加任何你想做的事情，例如，和你的孩子一起去你前任不会去的地方度假；去你一直想去但你前任不愿意去的地方旅行；抛下内疚感，独自做某事并享受其中的乐趣。

做一个单身父亲/母亲

尽管成为单身父亲/母亲确实有很多积极方面，但许多人都唯恐避之不及。要想从中获益，重要的是把注意力集中在处境中的积极方面：

• 孩子和你在一起生活时，你能够以自己选择的方式养育他们，任何人都无法干扰。

• 你能够有时间一对一、全身心地陪伴孩子。

• 这能让你看到自己的潜能，尽管以前你对此并不知晓。比如我儿子是我每天早上爬起来并且不陷入崩溃的主要原因，他能让我微笑，而我本以为那个时刻我是笑不出来的。

无论有多少个积极面，成为单身父亲/母亲都是个需要调整的困境。孩子和你一起生活时，你需要对他们负完全的责任。在你感到处理孩子的某些事情有困难时，没人会给你有用的建议或替你教教他们；当你需要休息时，也没人会来接手。你会在学校大门口、父母之夜和圣诞音乐会这样的场合感到孤独。本节将帮助你应对成为新的单身父亲/母亲的过程中可能遭遇的挑战。

如何应对发生在学校大门口的尴尬事

在学校里，孩子的父母分居或离异的情况不多，你作为其中之一会感到不自在。接送孩子时，身处很多幸福家庭之中时，你会备感孤独。令人惊讶的是，单身父亲/母亲在社会上仍然被污名化，如果你没有做好心理准备，处理起来就会很难。人们会好奇你的境况，所以自然会谈论你，如果他们不是很友好，那你很可能既心烦意乱，又无法阻止他们。

我设计了一些相关的技巧和策略，碰到下述情况时，你可以利用它们缓解问题：

• 保持乐观和友好。如果你待人亲切，其他人就会觉得和你搭话很轻松，也更容易善待你。除非别人问起，否则不要谈论你离婚的事，要对此保持低调。

• 努力参与学校的各项活动，结交其他学生家长。为学校活动提供帮助，你将有机会认识更多人，并感到自己是团队的一员。如果你能建立起融洽的朋友圈子，你和孩子的生活将会轻松很多。

• 为你的孩子组织同学聚会，这样他们就能在校外和其他家庭打成一片。这将帮助他们在班级内建立更牢固的关系，与同学团结友爱，并更有安全感。

• 如果有人传你的八卦，请记住，人们将会好奇并问你离婚的事情。要注意，不要把它想得更糟糕，因为这些人往往不是故意要伤害你。在学校里结交几个亲密的朋友，他们会“站在你这边”，而且这样你在接送孩子时也会有聊天的对象。

• 有些场合会让单身父亲/母亲感到尴尬，比如父母之夜、耶稣诞生剧（nativity play）和运动会。如果你能和前任保持“功能友好型”关系，并一起参加这些活动，那对你的孩子总是更好的；如果没有这种可能性，那可以带一个家庭成员同往，或请求和其他学生家长同行，这样你就不必独自坐着了。

• 与孩子的老师们交谈。他们如果了解你家中的情况，就能在学校里更好地对待你的孩子。例如，如果他们知道孩子在父母各自的家中轮流生活，则会确保把家庭作业和信件同时发给父母双方。尤其在孩子还小的时候，这样做能够方便他们学习。你不必谈到太多太深的细节，只要足够让老师理解，并在你的孩子出现任何潜在情绪问题时给予他们支持就好。

• 除了学校事务，你的生活中还有很多事情要做。计划出“构建自我”的时间，聚焦于你喜爱的事情，比如工作、健身、爱好、聚会。这将帮助你重建生活，在校门外拥有一个有益于健康的关注点。

• 不要害怕与众不同，不要害怕自己是学校大门口唯一一个离了婚的人。你可能会惊讶地发现，紧闭的大门后面隐藏着秘密，不知有多少人已进入了第二次婚姻。随着孩子年龄的增长，离婚会变得更加普遍，你将不再如此形单影只。

单身父亲/母亲带着孩子去度假

尽管英国的离婚率高达42%，但我总是惊讶地发现，在度假胜地，我常常是唯一的单身家长。常态仍然是妈妈和爸爸带着孩子在泳池边玩耍，共进晚餐。我很纳闷，当今世界的离婚率如此之高，难道单身父亲/母亲都不出国吗？

我在与客户和单身父亲/母亲朋友交谈后发现，他们中的很多人因为感觉特别不自在，所以不会去国外度假。他们觉得自己特别引人注目，而且周围的人会为他们感到难过。一位朋友带着儿子去西班牙玩了一周，回来后发誓再也不做这种事了，因为他们家是酒店里唯一的单亲家庭，这让她颇为尴尬。

虽然我完全明白这是件多么困难、让人不舒服的事，但如果只因为你是个单身父亲/母亲就放弃和孩子一起去度假，那可真是太遗憾了。

我也一直感到吃惊，其他人会对我不带丈夫出国感到惊讶。有一次我坐在泳池边，一位好事的母亲走近我，想问我："你是一个人带着儿子吗？"在周围人的眼里，她非要过来确认我的状况的举动似乎很新奇。我回答了她并说我们过得很开心。我原以为她会露出同情的表情或居高临下地说句俏皮话，却在这时听到她丈夫大喊她的名字，要求她给他拿饮料。忽然间，我如醍醐灌顶一般——草并不总是绿的[①]，她看着我说，靠自己的生活一定像在天堂一般。此时真相大白——她和丈夫的生活非常令人痛苦，她丈夫既难相处又无趣。她认为我的日子充满快乐，因为我有自由；而我觉得她拥有我曾经想要却已经失去的一切。事实上，我们两个都错了。

顺利度过假期

毫无疑问，你和孩子两个人去度假依然不是常态。你将在人群中显得独树一帜，有时会感到不安。不过你可以做下面这些事情，以使自己更容易应对：

- 不要想太多。人们可能会留意或议论，但他们不会长时间关注并喋喋不休，所以不要让它影响你的生活，别人怎么想真的不重要。
- 关注你的孩子。开启"孩童时光"，享受一对一的亲子时间。把这段时间当作纽带，与孩子构建更亲密的关系。假期中会有很多神奇时刻，所以要充分利用。
- 想想在没有伴侣的情况下度假所具有的所有好处——单独与孩子在一起的高质量陪伴；可以用任何你喜欢的方式教育孩子；不必为别人担心。

① 指别人的处境并不总是比你的好。——译者注

• 总是微笑着面对尴尬时刻，为的是让对方放松下来。如果你对自己的单身状况表现出不安，那也会让其他人不自在。我记得第一次和儿子去度假时就我们两个。第一天早晨，我们下楼去吃早餐，排队等候座位，这时服务员看着我问道："要一张三人桌吗？"我很早就知道，幽默是扭转这种状况的最好方法，于是我转头对儿子说："我不知道啊，你觉得我们带着隐身的朋友吗？是在你的口袋里吗？"这让我儿子大笑起来，也分散了他的注意力，不再去关注服务员的提醒——我的前夫不在这里。

• 着装得体，这会让你感觉更舒适，也能更好地融入社会，例如吃晚餐的地方要求穿便装，那就不要穿得太正式，否则可能引起不必要的关注。

• 与有伴侣的异性谈话时，要有所警觉。不要让人以为单身的你在窥探别人的另一半。

• 玩得开心！重要的是要记住，这是你放松和逃离日常生活的机会。假期时间宝贵，要好好享受其中的乐趣。我们辛勤工作才能去度假，所以不要把时间浪费在为自己难过上。

你不该因为自己没有伴侣而错过外出度假。如果你确实无法面对独自出行，那组织朋友去，或邀请家人一起去总是可以的。我的建议是，去度假，去享受。任何事情都有积极的一面，并不总是负面的。我真的很喜欢每年和儿子出去度一周假，只有我们两个。我珍惜这段魔法时光，对我来说，没有比这更好的方式了。

帮助你的孩子做好准备

你可能会感到惊讶，出门时，不管你的孩子多大了，他都会站出来帮助你。我总会在度假之前和我儿子简单聊几句，向他解释我需要他的帮助。我会简要说明需要他做的事情，这样他就能清晰地知道我的期望了。为保证假期愉快，我向他提出以下几点要求：

- 请听清楚我要你做的事情，并做好。
- 任何时候都要待在我身边，不要走远。
- 任何时候都不要和陌生人说话，也不能跟他们去任何地方！
- 让我们玩得开心！

提前做好计划，确保你们在飞机上能有娱乐活动，比如看书，给涂色书上色，玩 iPad、纸牌、拼图或玩具。如果你的孩子有特别喜欢的玩具或毯子，千万不要忘记放进手提行李里，这样就能随时满足他们的需求了。

轻松度假

在旅行时要顺其自然，注意不要太过专注或吹毛求疵。相比在家中的日子，度假时可以不用那么讲究规矩，所以不要因一些小事偏离常规而自责。你们去那里是为了寻找乐趣、共享神奇时刻，把这当作关注点，你们的旅途将美妙得令人难以置信。

我强烈建议，为自己的孩子找一些同龄玩伴。这样你就可以在旁观他们玩耍时得到休息。你可能会和他们的父母相处得很融洽，这样也为你自己找到了新朋友。我在度假胜地结交了一些很棒的朋友，现在依然和他们保持着联系。

独自旅行

除了和孩子一起出行，分手后独自旅行对你来说也很难适应。在我儿子和前夫待在一起的时候，我就变成了独自旅行者，在这种情况下，我认为最好是选择静修或有活动安排的假期。因为它们是为独自度假的人设计的，有益身心，而且有助于避免孤立感。不言而喻，我的首要诀窍是避开情侣度假胜地和蜜月目的地！

举办离婚或分手派对

这件事可能看着很奇怪，但一旦设定目标，你就会感到欣喜，因为你的各个小步骤是可以实现的，一场聚会是对你已走过的路程的认可。这听上去很怪异，但对我而言是完美的庆祝方式，庆贺我按照自己的意愿继续我的生活。这不是那种陈腐的“痛恨前任”聚会，而是在公开承认和赞美“新我”。它也是个机会，让我对所有在我重新振作期间给我支持的人们表示感谢。

除了把所有支持者聚在一起，你还可以利用这个机会谈谈你已下定决心要做的事、你已采取的合理步骤和你未来的样子。花点时间告诉那些关心你的人，你的新生活是什么样的。大声说出你的新希望和梦想，以及如何把生活的重心放在你身上，而不是你的前任或过往上，这将使你获得巨大的心灵自由。也告诉每个人，正是他们的付出帮助你回到了正轨，如果没有他们，你是万万做不到的。

第 7 章

父母陷阱：如何履行共同抚养义务

我并未打算做单身父亲 / 母亲，我只是着手于做最佳父亲 / 母亲，这一点始终没变。

——www.onemomsguide.com

精心制订的计划往往百密一疏，你相信自己已经为所有可能出现的情况做好了准备，然后就被突然冒出来的事情“咬了一口”。现实生活并不总是像有小抽屉和小隔间的盒子一样干净清爽、井然有序，它会横生五花八门的枝节让你偏离轨道，其中很重要的一项是，如果你和前任有孩子，而且都想做个好父母，那分手后你们的生活仍不得不存在交集。若你们能在分手后健康地挥手告别，开始各自的生活再也不必重逢，那一切都要容易得多，但现实往往没这么简单。我之前在第4章的“回顾并重新评估”“妥协/让步的总体效果”等部分曾讨论过，划清界限在分手的过程中必不可少，但我们往往很难做到，尤其在因争夺监护权而变得极其情绪化时。我坚信，父母双方都应该始终把孩子放在首位，但也不要失去对自己的关注。

涉及孩子的分手是最棘手的。在状况比较好的时候，作为父母的我们都尽力让自己相信，我们在为孩子尽最大的努力，但当我们把离婚或分手的影响强加到他们身上时，无论状况如何，我们都会感觉自己可能在以最糟糕的方式让他们失望。

当我们夜不能寐地忧虑着未来，考虑我们将在哪里生活、新的“正常状态”会是什么样时，也想象一下孩子的感受吧。离婚或分手动摇了他们生活的根基，我们不得不在自己都无法安心的时候安抚他们。为了孩子，许多离异父母都竭力寻找最好的处理方法。我们都知道，就算在状况最好的时候，事情也已经很复杂了，而当我们突然让孩子掺和进来时，这里就变成了情绪管理的雷区。

不管你们的婚姻是如何结束的，这都是件难事。如果你们不欢而散，那么以最好的方式保护你们的孩子就更难了。你可能对你的前任厌恶至极，但从长远来看，认真考虑你们的行为对孩子造成的深远影响是非常有必要的。你们俩都要清楚这一点，不要把孩子当成武器，如果你们想在情感上伤害对方，这样做肯定能奏效，但最终，最受伤的是孩子。

我不认为离婚就一定会伤害孩子。它其实是一段人生经历，能让孩子从小就学到宝贵的经验教训，并在以后的生活中得到帮助，不过这件事的影响取决于孩子的双亲及其行为。请记住，你们是孩子的榜样，他们将会一直学习你们分手期间的行为和反应。

如果你们的关系以恶劣的方式告终，那你想要惩罚前任的念头也很容易理解，但这样可能会让生活变得困难。可以肯定的是，我会鼓励我的客户从孩子的利益出发。通常，沐浴着父母之爱长大的孩子更容易获得稳定和平衡，不论你们这些“大人”之间有多大差异，也不管你们做起来有多困难。

如何告知孩子你们要分手

在整个过程中，你们必须记得从孩子的角度看问题——孩子常常担心在父母离婚或分手过程中被某一方抛弃，或永远失去父母。作为父母，你们要安慰孩子，保证你们将永远陪在他们身边，告诉他们，无论发生什么，你们总会回到他们身边。

选择合适的时间。在确信你们已无法挽救这段关系后再告诉孩子。你们如果还只是考虑要不要分开一段时间，那就把问题留给自己吧——在完全确定无可挽回之前没必要让孩子卷入其中。永远不存在什么告诉孩子的“好时机”，但你可以在确保他们能够仔细倾听并理解的时候再说，比如不要在上学前或做重要事情之前提起。他们需要时间来讨论自己的感受、消化这些信息，也肯定想要被拥抱。

保持口径一致。确保你们俩同时在场，并传达相同的信息。在和孩子谈这件事时不要相互反驳或争吵。

以父母的身份来告诉他们这件事。这样他们就能明白，即使婚姻终结，你们不再在一起生活，你们两个也会一如既往地陪伴他们。他们如果看到你们那样做，就会相信的。

不要一味相互指责。在他们面前表现出公平，不要就你们分手的事互相责备，也不要试图让他们“站队”。永远别要求他们表态自己想在哪里生活，这样做是为了保护他们免受不必要的情感伤害。

安慰孩子并让他们放心。让他们清楚地知道，这不是他们的错，而且他们也无法阻止它。抚慰和大量的拥抱在此时非常重要。

不要讲得太详细。简单描述基本事实即可。这对孩子的倾听和理解很重要，不要让他们淹没在不必要的信息中，也不要告诉他们事件的前因后果。给他们时间接受一切，不要用细节轰炸他们。

保持诚实和真实。不要仅仅为了降低对孩子的冲击而做出你们无法兑现的承诺（比如草率承诺一同度假或养小马）。坚持只说事实。不要试图掩盖现实——变化即将到来，孩子可能需要适应一段时间。帮助他们做好准备，明白整个家庭将面临这些变化，但离婚不会改变你们俩对他们的爱，你们将一直陪着他们。

不要哭泣。孩子指望成年人来引导他们，尤其是在这种特殊情况下。所以要确保你们的表现不会让孩子觉得自己反倒需要安慰父母。他们需要明白你们做的这个决定虽然不容易，但绝对正确。哭泣会动摇你们的决心，只会让孩子为你们担心，可这不是他们的责任。

搬出家继续生活

许多男性因离婚而被迫离家。对于我的所有男性客户来说，不能每天见到自己的孩子都是极难接受的事。如果经济条件允许，多数情况下留在家里的是妻子和孩子。对男性来说，这可能是一段孤独而可怕的经历——从零开始，独自生活，不能每天在家里看到孩子，由此带来的影响不该被低估。最重要的是，这些男性正在为婚姻的终结而悲痛。在分手阶段，每个人都在勉力适应这一巨大的人生变故，所以要是此刻他们情绪高度紧张，又有什么好奇怪的呢？

当然，也有一些男性因为关系已破裂到无可挽回而决定离开，他们乐于重新开始。到目前为止，搬出去是较好的解决方法，然而，对那些觉得这很困难或没有选择的余地的男性来说，这是个非常有挑战的时刻，尤其在他们为职业生涯而奋斗，而这份工作需要他们表现出众并保持良好状态时。如果你所知的生活已经消失，这并不容易。

5个有帮助的建议

如果你是一个被迫离家的男性，以下这5个建议可以给你帮助：

1. 不要压制情绪（见术语表），因为它们会不断积累并让你无法正常前进。找到释放负面情绪的有效方法，比如接受“哭泣也没关系”的观点，或通过锻炼缓解心理压力。

2. 尽快和你的前任商定探视孩子的时间表。对孩子来说，生活有规律并知道父母分手后自己该期待什么是有好处的。

3. 如果你因缺乏实践或时间而没法做好家务，可以寻求帮助，比如请家人指点迷津，或出钱请钟点工来帮忙。不管用哪种方式，重要的是不要降低你的标准，因为家里的生活环境会影响你的心情。

4. 应用本书中讲到的技巧来帮助你专注于继续向前，并让自己保持忙碌状态。计划一些自己喜欢的有趣活动，保持积极乐观的精神面貌。

5. 如果需要的话，寻求家庭医生或离婚指导师的专业帮助。与能帮助你释放负面情绪和探寻未来幸福生活的人交谈，这些行动将发挥巨大作用，有助于你应对现状。

为共同抚养孩子做好详尽计划

离婚的双方都不容易，因为每个人都不得不面对重大生活变故，要是还有孩子，双方就必须牺牲时间陪伴他们。双方分别安排周末和假期从来都是困难重重的事，迫不得已和前任保持联系也不是最理想的状况，然而，这都是离婚旅程的组成部分，不论你们喜欢与否，都必须找到方法来解决。我的建议是，建立合理的应对机制，使困难的事情变容易，把剩余时间专注于放下婚姻所带来的很多积极方面。你们如果能事先就假期分配的问题达成一致，就都能安排好孩子不在家时的个人独处时间，并能使一切尽可能顺利进行。

与前任和孩子一起生活

当然，受制于财务状况，在离婚后双方可能不得不住在一起。

如果孩子在家里，不要当着他们的面争吵。将孩子卷入具体的离婚事宜及你们之间的问题之中会影响他们的健康。他们需要知道你们俩都爱他们，离婚不是他们的错。在适应生活中的所有变化时，他们可能会面临一些困难。

你们是他们的父母，需要成为他们眼中的强者和好榜样。如果你们自己能做到稳定平衡、积极乐观，他们处理得也会更好，而且这也是他们的家。如果处理得当，离婚并不一定会伤害孩子，他们将在你们的带领下继续好好生活。

在家中创建自己的个人空间通常是个好主意，这样当你感到压力增加或需要保护隐私时就不会无处可逃。和你的前任约定一些界限，这样即便你们在同一屋檐下生活，你也可以有一个安全的去处。可以改变这个私人空间的样子，比如调整家具位置、挂上新照片、局部添加自己喜欢的颜色，即使只是做出这些改变，也能让它显得清新而舒适，不再提醒你回忆过去。

从你前任的角度看待事情

在最近的一次“分手恢复静修会”上，我们发现男性和女性的思考及处理信息的方式截然不同。对前任的思维和行为的错误假设是你们经常发生冲突的基本原因。真相是，鉴于对信息解读的方式不同，你们之间的分歧往往是沟通不善造成的。

在最近的一次静修中，一位女士分享了她的故事。她最近离婚了，她的前夫很快开始了一段新的恋情，这自然让她非常痛苦。她有个儿子刚上学前班，对于儿子该如何应对家里的一切变化，她也非常担心。她与前夫间存在巨大的沟通障碍，他们的交流常常以争吵告终，争论的内容主要是他离开的原因和对她恶劣的态度。

她向小组成员举了一个例子——她需要为儿子买一张书桌，所以选择了一张自己喜爱的价格适中的白色桌子。因为她的前夫同意支付，所以她把链接发给了他。收到货后她非常生气，因为他订购的不是她喜欢的那款，而是一张黑色桌子，设计和之前选的完全不同，风格和其他家具一点儿也不搭；更糟糕的是，她吃惊地发现这是他新女友挑选的！

我问她为什么对此特别难过，她告诉我们，她相信前夫是故意这么做的，为的就是让她难过。她说，当她质问前夫时，对方否认了这一点，说她喜欢的桌子开学前无法到货，而他知道自己对家具的品位很差，所以特意让新女友选了一张合适的。尽管如此，她仍然坚信他是计划好了要让她更受伤。

发现问题的真正所在

这位女士讲完她的故事后，参加静修的一位男士请求从男性的角度发表评论。他说她前夫可能并非在有意制造麻烦，他和这位女士对其前夫行为的看法有所不同。他问她，为什么她认为她前夫这么做是为了让她难过。他说，作为一个男人，他可以理解她前夫的做法。他认为自己会做同样的事情，因为他觉得在不打扰她的情况下把问题解决掉是有帮助的，而他可能没信心挑选家具，所以会叫其他更懂的人来帮忙，比如女朋友。我的同事接着问道，她心情如此烦躁是否就是因为选了这张桌子的人是他女朋友。

这位女士看上去颇为震惊，然后变得非常安静，显然在思考刚才听到的话。沉思片刻后，她叹了口气，点点头。这对她来说是真正的“灵光乍现时刻”（见术语表），在过去的6个月里，她一直向愿意听她说话的人讲述这个故事，甚至称其为“书桌门”（Desk Gate）事件！但听了站在男性立场的观点后，她意识到可能是自己搞错了。每次想到这件事时，真正让她不开心的部分原因是，她前夫的新女友为她的儿子和她的家选择了家具。

显然，生活中的很多情况不像这个故事这样清晰、鲜明，重要的是要试着从两个方面看待事情。男女处理事情的方式不同，所以为了避免冲突升级，首先退后一步，从你前任的视角来观察一下。我在第5章中讲到的“换鞋”练习是非常棒的技巧，可以帮助你解决这种情况。

转变你最初的看法

你可能会惊讶于“换鞋”技巧是如何转变你最初的看法的。最近我的一位男客户对前妻极度愤怒，因为她极力阻挠他探望一岁大的女儿。他非常痛心，以前他可以天天见到女儿，总是给她读睡前故事，把她抱上床，而现在只能每周六见几个小时。他从家里搬到了同一条街上的另一间公寓里，以便尽可能多地见到女儿，但他前妻不希望孩子和他一起过夜。

他无法理解前妻为什么要这样做，她知道他一直都是亲力亲为的父亲，从孩子出生起就共同负责喂养和换尿布。除非要加班，否则总是他来抱女儿上床睡觉。不过加班的情况不常见，因为陪女儿对他来说意义重大，所以他把按时下班回家当作头等大事。他觉得前妻在惩罚他，用女儿伤害他。他痛苦万分，感觉自己离开妻子时便失去了孩子。他对前妻出离愤怒，这影响了他的健康和工作。我带他做了"换鞋"练习，开始他很挣扎，怒火使他无法从他前妻的角度看问题。但不久之后他放松下来，以前妻的立场提出了如下观点：

"我发现离开我的孩子太困难了。"

"是你想离开我们的，我从未同意孩子在别处过夜。"

"我是她的妈妈，她需要我陪伴，她不在这里时我会担心。"

他对自己很惊讶，因为发现自己实际上有点为她难过，而不仅仅是怨愤。这一发现意味着他能够思考让他前妻安心的方式，使她更愿意接受。了解了她真正担忧的事情后，他可以想办法让自己和前妻达成协议。他明白了自己需要态度温和，更多地理解他前妻的感受，而不是要求立即采取极端措施。

他建议在几个月的时间内慢慢增加白天见面的时间。后来他们终于做了过夜测试，他使用FaceTime（视频应用软件），让他前妻看到宝宝一切正常。他们还好好谈了一次话——如果担心的话，她会乐意联系他，而他则会安慰她，甚至发照片给她，让她放心。他前妻开始慢慢适应，并能为自己的独处之夜做计划。经过几个月的试验，他们形成了惯例，他也获得了更多接触女儿的机会。

练习：如何瞬间让自己更加快乐

我的很多客户担心，要是让孩子与对方在一起，他们就无法看管孩子了。有个极好的方法能解决这个问题——让你的孩子掌握一些技能和工具，这样他们不在你身边时也能应对各种情况。这个练习对每个人都很有好处，而且简单易行。

的确，我们在感受悲伤和快乐时会有不同的生理表现。情绪低落时，我们肩膀下垂，眼睛更爱向下看，身体没什么能量，嘴唇绷直，嘴角甚至耷拉着，满脑袋都是消极想法。

而快乐时，我们的脚步轻快，肩膀后扬，头昂得高高的，满面笑容，想的都是积极的事情，并关注生活中的美好事物。

二者可谓大相径庭，不过有趣的是，你的思想会跟从身体的步伐。如果你在感到悲伤时，努力去呈现与快乐对应的生理机能，那你的情绪会在瞬间发生变化。

我们都可以采用这个练习，但如果要把它教给你的孩子，就需要问他们以下几个问题，并让他们在回答的同时做动作，以向你展示这些答案的含义。与他们讨论他们的答案，并告诉他们瞬间改变是多么容易和简单的事情。

1. 如果感到难过，你的脸上会有什么表情？

2. 伤心的时候你会如何站立和行走？

3. 不高兴时你会想什么，或是对自己说什么？

4. 你快乐时又是什么表情呢？

5. 开心的时候你又是如何站立和行走的？

6. 高兴时你又会想什么，对自己说什么？

7. 通过改变表情、身体姿势，想积极的事情和微笑，来练习从悲伤到快乐的瞬间转换。

共同抚养孩子会面临哪些挑战？

正如你所想象的，如何共同抚养孩子是我最常被问到的话题之一，每个人的境况真是千差万别。我了解到这些父母主要在教育方式、规则和价值观等方面存在冲突。我常听妈妈们抱怨，说爸爸已经变成了“有趣的爸爸”[①]（fun dad），她们却不得不肩负各种责任，如强制规定就寝时间、勒令孩子完成家庭作业、坚持设定生活规律。另一种牢骚是她们不喜欢前夫或其新伴侣给孩子穿的衣服。就像我之前说过的，你不必担心自己无法控制的事情。孩子去你前任身边时，你还能命令前任做什么吗？

① 这类父亲常常带着孩子玩耍，而且不在行为习惯方面约束孩子，所以在孩子眼中，和他们在一起的时光总是很有趣的。——编者注

显然不能！那就放手吧。

接受现实吧——可能是前任和孩子在一起的时间比你少，也可能只是他/她做事的方式和你不同，而你也无法改变自己。换位思考（“换鞋”）或许能让你的思路更清晰，并缓解你的情绪压力。然后把注意力转向自身和能控制的事情上。问更有益的问题，比如“我该如何腾出时间和孩子一起创造更多乐趣？”“我现在能做点什么来让自己感觉更好一些吗？”。提出不同的、更有说服力的问题总是有帮助的。

与你们的孩子交流沟通

等孩子长大后，共同养育确实会变得容易些，尤其是因为他们能和你交谈，诉说他们的烦恼，而你也能知道他们的想法。我也认为对孩子诚实很有必要，因为如果你假装糟糕的处境或恶劣的行为没有困扰你，就无法教导他们做人要诚实而坦率。若你传达的信息混乱而令人困惑，那就会破坏你自己制定的规则。我赞同凯特·温斯莱特（Kate Winslet）的观点，她曾直言不讳地表示，离了两次婚并有了三个孩子后，她的生活充满了快乐：“教会孩子在艰难中行进，在某种程度上是非常重要的。我会诚实地说，我不会有丝毫改变，甚至包括所有令人讨厌的部分。”

如果你们处理得好，你们的孩子的确可以从中获益，而且他们有望把你们当作榜样，向你们学习。他们将找到针对这些问题的解决方法，或许以后能阻止自己重蹈你们的覆辙。这些都是可以在人生早期学到的宝贵经验。

孩子会注意到你们的不诚实

分手会让你经历伤痛，虽然保护孩子远离负面情绪总是个好主意，但如果你不诚实，他们会注意到你的身心状态，并能够看透你的真实感受。例如，如果你内心感到悲伤，却告诉孩子自己很好，那么孩子会意识到你在说谎。永远不要把帮助你更好地解决情绪问题的重担压到孩子肩头，虽然这很重要，但告诉他们如何应对负面情绪是没有问题的。

我记得很清楚，发现我丈夫有外遇后不久的一天，我在办公室度过了艰难的上班时间，竭力不让自己整天哭个不停。下班回到家里，关上房门的瞬间，我的眼泪扑簌簌地落了下来。儿子抬起手抱住了我，看到我流泪，他小小的脸上露出了担忧的神情。我惊慌失措，在这之前，我一直隐藏着自己的负面情绪，从未在他面前表现过。

根据我自己的经验，无论你多想保护孩子，都不能用棉线把他们缠起来，因为那样做就过分了。他们也有喜怒哀乐，也会感受各种不同的情绪。你是他们的榜样，如果你始终压制自己的负面情绪并否认它们的存在，他们就会认为这是人们应该做的事情。让他们知道你很悲伤没关系，不要说具体细节和原因就好。当然，在一些时间点你最好能控制住自己的情绪，比如你第一次宣布准备离婚时，你需要让孩子安心，让他们明白一切都没问题。但日常的情绪是不一样的，因为孩子将体验自身情绪的起起落落，需要学会适应，理解这是正常现象。如果你能在他们小时候就把让自己快乐的工具教给他们，那他们就能早早得到良好的启示和经验。

当我儿子看到我流泪时，我看着他说："嗨，宝贝，我非常爱你。可我现在有点难过，但没关系，每个人都有难过的时候，我知道怎么让自己高兴起来。”然后我在脸上呈现出大大的微笑，请他玩我们常玩的舞蹈游戏，最后我们俩往往会趴在地板上笑到肚子痛。他拉着我的手开始玩，一如往常，然后以开怀大笑告终。后来他依偎着我，我再次控制住了局面，他也明白了人有时感到悲伤是正常的，也学会了如何摆脱它并走向快乐。

我的确尝试了和孩子坦诚交流，实话实说，他知道家里的生活方式，也明白父亲那边的情况可能不一样。他也知道他始终可以和我谈任何事情，最重要的是，他明白我们俩都爱他。倒是我自己很不情愿错过和他共处的时光，但事实上我不得不非常严格地把假期一分为二。想想你把自己刚出生的宝宝从医院带回家时，将他们安置在座位上，在车里摆满了玩具，兴奋地憧憬着未来，根本想象不到将来要协商圣诞节孩子归谁，以及暑假孩子要在双方家里各待多久这种问题。

你与前任在抚养孩子方面的冲突

即使不再婚，只要有孩子，你们就不得不合作协调照顾孩子的日程安排。如果想改变时间和会面安排，事情就会变得异常麻烦，因为这能令人失望并导致情绪升级，场面也往往会失控。

我的一位客户已离婚4年，但还时不时和前夫闹上法庭。虽然离婚是他主张的，但他还是用他们的双胞胎女儿刺激她。他们已达成协议，也解决了探视的问题，但他还是不断扩张自己的界限。他自作主张订好假期，并通知了孩子，这使我的客户别无选择，只能被迫接受（她不能拒绝，否则会成为孩子眼中的坏人）。他家里的作息没有规律，女儿们被宠坏了，回到家就乱发脾气，并时常疲惫不堪。她们不愿意做家庭作业或打扫房间，每次回到妈妈家都会引发一场持续3天的意志之战。通过不断努力，两个女孩终于开始遵守我客户制定的规则和惯例，可却到回她们的父亲家的时间了。于是一切重新开始，周而复始。由于无休无止地应付所有冲突和焦虑，我的客户终于累出病来，她非常担心这会长久地破坏她和女儿间的关系。

在辅导课上，我们集中精力让她明白，根本不用担心那些无法控制的事情。我知道很多事情知易行难，我的生活也并不总能一帆风顺，但通过使用一些基本技巧，你能在冲突不断的紧张状况下保持友善：

- 尽量避免面对面或电话沟通，多用短信和电子邮件交流。
- 花点时间回复电子邮件或短信。
- 在整个沟通过程中避免谈及感情和个人私事。
- 为双方交接事宜划定清晰的界限，即使孩子不愿意走也不能违背既定原则。
- 如果孩子还很小，写下明确的日常交接规则。即使你的前任无视这一点，当孩子不在你身边时，你为了让孩子感到安全和快乐而做的一切都会对你有帮助。
- 让孩子随身带上他们最喜欢的玩具和被子，这样他们就能在两个家庭中拥有部分相同的环境。
- 把孩子送去前任那里时附带上日记本，这样前任就可以记录孩子和他们在一起时的日常起居。等孩子回来后你就能了解这段时间他们的饮食和睡眠情况，这很有帮助。
- 优先考虑孩子的利益。

- 不要以牙还牙。
- 始终做正确的事。
- 记下所有因你前任无理取闹而造成的冲突。

要意识到冲突会有连锁反应

不要让你前任看出他/她惹你心烦了，因为这会刺激到他们。如果一定要哭，就关上门在私下里哭。与前任发生冲突会耗尽你的精力，在你需要全神贯注向前迈进的时候使你精疲力竭。如果此时你正在尝试建立一段新关系，可能会感到尤其困难，因为你能期望新伴侣承担的也就这么多了。我有一些客户为了继续和他们的前任一争高下而牺牲了新关系。如果你身上也发生了这种事情，那显然表明你还没有处理好分手后的情绪问题，并且也说明你没有把孩子放在第一位，而这是极其重要的。

共同抚养是问题频发的步骤，它与本书中提到的其他步骤不同——别的步骤完成后，你可以快乐地继续向前。但身为孩子的父母，你和前任终身都会因此被捆绑在一起，这一点你无法改变，除非你们中的一个离开了孩子。

如何保持友好探视

你唯一的想法应该是，我该如何为孩子做好这件事？以下建议可使共同抚养事宜顺利进行：

- 如果孩子足够大了，告诉他们何时可以回来，让他们放心，因为你会在家等着他们。

• 他们可能会问什么时候才能再见你，告诉他们“一回家就能”，让他们有安全感，并让他们知道回来后你们要做的事情。要为他们的归来做些计划，即便只是一起看场电影。

• 告别时不要磨磨蹭蹭，充满爱意地快速亲吻、拥抱他们一下，然后马上走开。

• 孩子和你前任在一起时，你要考虑用哪种方式与他们交流效果最好。就我家的情况而言，除非我儿子状态不大好或有什么特别事件，我整个周末都不会去打扰他。他需要时间在他父亲家里安心生活，和我联系对他没有帮助。我总是告诉他，如果他想打电话给我，随时都可以打，并且要确保他父亲也清楚这个情况。如果我儿子离家时间较长，我一般会在他离家四五天后给他打电话，让他知道我惦记着他，然后在他回家前几天再打。要找到最适合你孩子的方法，试着把自己的需求放在一边，因为频繁的联系可能会让他无法安定下来。

• 保持沟通渠道畅通，但是，看到孩子从你前任那里回来后，不要还没等他们脱下外套就急着提问——你做了什么、吃了什么、明白了什么、看了什么。否则他们会把离开的这些日子看作一种考试，从而对回家感到焦虑。

• 如果你和前任的关系不是很融洽，那么交流时要简洁而友好，不要涉及太多彼此的生活细节。

• 确保切断和你前任的所有社交媒体的联系，你最不需要看到的就是他/她的社交账号上更新了其新伴侣牵着你孩子的手的照片。

• 如果你前任很有控制欲，那就远离他们的活动空间，阻止他运用心理战术。通过合理安排接送时间来避免和他们碰面。

• 如果你的前任很难相处，而且做事没逻辑，可以把他们令人难以接受或存在问题的行为记录下来。若最终不得不请律师来解决问题，日记可能会有帮助。

• 出现不公平的情况时，冲突更容易产生，而且难以解决，和不理性的人一起抚养孩子肯定很费劲。试着保持头脑冷静，可能的话找个证人，坚持记日记，但不要让你的孩子卷进来，不要让他们在去对方家里时借机收集信息。

• 不要说你前任的坏话，设定好自己的规则，以对抗孩子可能从前任那里学来的坏毛病，并坚持下去。

• 如果你不能和前任做朋友，至少确保和他/她生活中的某个人保持友好关系，比如他们的母亲、姐妹或新伴侣。凯蒂·普莱斯（Katie Price）毫不避讳地说过她不和前夫彼得·安德烈（Peter Andre）说话这一事实，但她和他的新妻子保持密切联系，而她的新丈夫为了避免冲突也接受了这点。

• 不要因为自己家里设定了很多规则而感到内疚，保持下去，因为孩子需要稳定而有规律的生活。如果你想让生活更平衡一些，总是可以安排一些娱乐时间的。

• 经常安慰你的孩子，因为他们需要听到让他们安心的话。计划一旦制订好就要坚持下去，保持常规和信守诺言是关键。

共同抚养的时间问题

在我的诊所，我发现很多女性在解决共同抚养的时间问题上面临困难。我们生下孩子并养育他们，希望每一分钟都陪伴着他们，成为他们唯一的母亲。一段关系的结束会带来毁灭性的打击，我们为之痛心，而把我们的孩子交到另一个女人手里更是我们无法想象的事情。我们习惯性地认为，天下没有什么比母爱更能抚慰孩子的了，所以一想到他们在需要我们的时候得不到我们的亲吻和拥抱，我们就觉得万分揪心。有一些母亲倒是真能享受孩子去前夫那里时自己获得的自由。不论起初感觉如何，当你重建自己的生活，重新把自己的身份定位在“女人”而不是“妈妈”上时，这个问题也就会变得容易些。试着把离开孩子的时间看作“构建自我”的时间（见第 3 章的“一定要腾出‘构建自我’的时间”一节），这是你尝试新事物的机会。

正如我在本章一开始提到的，我经常听到我的男性客户们诉说不能每天见到孩子的忧伤。通常男性会搬出原来的家，在承受寻找和建立新家的压力的同时，他们也不得不面对不再能每天看到自己孩子的残酷现实。我的很多男性客户都尝试过用约会来排解失落感。然而，当新的关系进展得不顺利时，他们的感觉往往比以前更糟糕。相比之下，结交一些新的男性朋友是摆脱寂寞孤独的良药，你可以在工作之余随时找到人出去喝啤酒，而且你也需要一架僚机[①]！比起分手后的再次约会，朋友在一起待的时间更长，如果他们也在遭受分手的煎熬，那么一起聊聊各自的经历会非常有益于健康，这是你在约会时不能也不应该做的事情。

---

① 指帮助单身男性在酒吧一类的场所寻找女性恋人的男性朋友。——译者注

应对与孩子分离的情况

两岁以下的孩子比较容易应对这场变故，因为他们不太能记得妈妈爸爸分手前后生活的差异，尽管如此，成人仍然会觉得很难。这对我很有挑战性，因为我和前夫离婚时孩子还很小，他没有办法表达自己的感受。当我们终于到了要做探视安排的地步时，我发现我不得不把自己珍爱的宝贝交给前夫和他女朋友，这让我异常忧虑。没人能像我一样了解我的孩子——我懂得他的每一种哭法、眼神和手势，我们之间存在一种秘密语言，而我的前夫和他的女朋友都不可能知道这些。想到我的宝贝在需要我的时候却不明白为什么我不在身边，或是好奇为什么自己要被交给一个几乎完全陌生的女人时，我的心都碎了。我的小家伙每天早上都会到我的床上来，他和我的前夫及其女朋友在一起时会这样做吗？她会在他们的床上拥抱我的孩子吗？我用无穷无尽的问题折磨自己，为自己无法控制的状况恸哭。你得学着在这方面做得更好，因为你必须这样做。

为你的孩子树立公平的榜样

作为母亲，我需要保持坚强和公平，并希望孩子看到我的这些表现，这也是我离婚以来的长期目标。我只是个普通人，当然常常会有沮丧不安的时刻，但我没有被击垮，而是学会了如何恢复、振作。其实，你被击倒的次数越多，你就能越快学会振作，也能恢复得越好。我称之为“回飞棒效应”（见术语表），因为它每次都能更加容易地回到你脚下，让你的脸上展开笑容。本书中介绍的技巧使我从伤痛、愤怒和不安中更快地恢复了过来。这些技巧都是生活技巧，能让我变得更坚强，我知道，它们同样能让你做到这些。

无论发生了什么，最好能让孩子感受到父母双方的爱，虽然这有困难，但你们必须把孩子的利益放在首位。你们可能无法控制孩子不在身边时的状况，但可以教他们应对的技能和诀窍。就像我们之前看到的，只要做些简单的练习，比如想想“难过时如何让自己高兴起来”，孩子就能轻松地利用起来，并乐在其中。

为使你的内心宁静，保持一切有条不紊

我与前夫离婚时，我儿子还是个婴儿，我应用了本章“你与前任在抚养孩子方面的冲突”中的所有技巧，尤其是记录日常生活和送走我儿子时附带日记本。我想知道前夫是否好好喂他了，他是否整晚睡在陌生的床上，他何时排便的。孩子不在身边时，你很自然想了解他们过得怎么样。如果他们还很小，无法用语言表达感受和需求，那这一点尤其重要。我总在他离开之前确保自己超级冷静，至少表面上是这样。我很早就发现，控制局面的关键是让一切都有条不紊，所以我会在前一天晚上收拾好他的东西，列出所有我不在时前夫需要解决的问题。即使我的前夫不怎么看这份清单，我晚上也能睡得更安稳，因为我知道自己尽了一切努力来确保我的孩子安全舒适，我是个好母亲。就算前夫不像我希望的那样记录详细的日记，起码我知道自己已尽我所能保证交接事宜顺利进行。你能做的是，遵守约定，表现良好，不要因控制不了的事情而抓狂。

确保探视无压力

正如我们前面看到的，对于孩子和你来说，明确的交接界限是关键。我的一位客户发现很难让她蹒跚学步的女儿跟她前夫待在一起。如果他们处理得当，我们本可以从中总结出一些好方法，可惜这其中并没有什么可取之处。他坚持要和女儿一起过周末，但孩子不愿意去。结果就是他们三个在家门口起了冲突，我客户的前夫把孩子从她的臂弯里往外拽，而孩子则死命抱着不放，还大声哭叫。我的客户也心烦意乱，这给她造成了难以消除的创伤，要花很长时间才恢复过来。整个周末她几乎都在床上哭泣，悲叹看到的伤心景象和自己做母亲的失败。这真的异常艰难，但我告诉她，保持坚强至关重要。像亲子关系中的任何方面一样，一致性是关键。这孩子非常机灵，看到了盔甲上的裂缝[①]。在之后的几次交接中，她重复上演了“门口闹剧”，因为她不想去。如果我的当事人就此让步，那么孩子就会将父亲的探视权视为可有可无，但这在法律上是不被容许的。不管情况如何，大家都要尊重规则和探视时间，孩子必须清楚，这是他们不可挑战的新世界。对父母来说，挥手告别孩子从来都不容易，但对不配合的孩子而言，这一过程必须干净利落，不带任何感情色彩。当然，你需要查看你前任的家中是否真的有问题，如果只是你的孩子不喜欢改变，那就不能扩张界限，保持坚强是非常重要的。

孩子会唯父母马首是瞻，尤其是年幼的孩子，而你们是孩子的父母。如果对孩子说去爸爸/妈妈家玩会很棒，这能让他们乐于去对方家里。而如果你感到担忧并在语气中流露了出来，他们将留意到你的忧虑，甚至

① 指细微但致命的弱点。——译者注

会跟着一起担心起来。你需要诚实，但也必须把孩子放在第一位，你的负面情绪可能是情有可原的，但对你的孩子没有帮助。在孩子面前大倒苦水非常有害，例如你会痛苦地想念他们，你讨厌他们离开。你可以说你会想念他们，但也要补充说你有很多事情要做，会非常忙碌。

我有另外一位客户，在她前夫眼中，计划只是用来打破的。如果他遇到什么更有趣的事情，就会不遵守计划。比如他同意在双方约定的时间内，连续三个周末接孩子过去，却在最后一分钟变卦，每次都让我客户收拾残局，她不得不改变自己的计划，带回孩子。上了我们的辅导课程后，她的信心不断增强，认为计划最好要坚决执行并设定界限。我建议她不要在电话里讨论这个，所以她给他发了一封邮件，说她不能接受他的行为并感到难过，她也有自己的计划，所以他们不能总是打破探视孩子的计划。他当然气得要命，但事实是，他如果想在周末见孩子，就要优先考虑前妻和孩子的感受。如果他只是找个保姆来看着孩子，却离开去干自己的事情，那我的客户是不会同意的。我客户是那种为了孩子可以放弃一切的人，所以即便坚持计划和划定界限对她来说是非常困难的事情，但为了每个人的利益，她也必须这么做。破坏计划的情况不是偶然发生的，她的前夫总是在心情不好的时候想见孩子，所以她必须确保被大家认可并遵守的适当规则的存在。

孩子不在身边时，安排好自己的时间

无论交接情况如何，对有些人来说，孩子离开后，面对空无一人的房间，他们的感觉都是一样的糟糕。这些人迫切需要解决的问题是学会在以往嘈杂混乱而此时空寂无人的家中独处。在关上门，幸福面具悄悄溜走的那一刻，你总是很难熬的。我的首要建议是，确保你的计划覆盖整个周末（或孩子离开的那段时间）。尤其在开头的几天里，必须马上做些事情。这在开始时对我很有效，即使只是去趟超市。那种立马安静下来的感觉总是一种打击，在鸦雀无声的房间里看着你孩子空荡荡的床，没有比这更让人难过的了。然而，人们对同样的情况却有不同的反应，这让我很感兴趣。当孩子去前任那里时，有些父母确实非常苦恼，而另一些则很享受由此得来的自由时光。这表明，我们可以用两种方式看待这种情况，你必须选择一种，以帮助自己继续生活下去。我们中的某些人可能更容易受它困扰，但这并不意味着我们不能尝试一些技巧，让事情变得更容易，让情况变得更好。

如今，我看到很多客户依然在这片阻碍重重的水域中行进[①]。在孩子离开后很多人无法在家中独处，对此我表示十分同情，我自己一开始都无法坚持超过 20 分钟。几个月后我意识到，不能在自己家里开心待着绝非长久之计，所以我决心给自己设定一些小目标，看自己能待多久。之后第一次将孩子送走，并关上门后，我走进厨房，清洗早餐用过的餐具，我特意把这些留到我儿子走后再做。我打开收音机，洗餐具，再做些别的家务，然后冲了澡并离开家。这是我的新纪录，独处 50 分钟！对于那天剩下的时间，我也做了计划，并准备夜晚外出狂欢，但这次我决定不找朋友陪同，所以自己回了家。第二天早晨，我故意在床上吃早餐，并沉浸在我喜爱的电视节目中。不知不觉中，两个小时过去了，一切都好。慢慢地，我坚定地给自己定了时间更长的目标，现在我发现，感受了告

① 指面对这些棘手的问题。——译者注

别之初的痛苦之后，我能够享受自己拥有的时间。做单身父亲 / 母亲是件美妙的事情，但也会令人疲惫不堪，你不能有半点放松，没人在身边分担重任，这真的很难。重要的是要记住，那个最先离开这段关系的人也将与新的现状做斗争。

在某种程度上，本节的内容与我们第 6 章中探讨过的“铺路石”思想一脉相承，你必须采取一些小步骤来重建一个“新的你”，而不仅充当“妈妈”的角色。其实你的孩子将在没有你的地方度过很多时光，这也是打造“新的你”的另一个原因，即，你现在有更多的时间去完成这一目标了，“新的你”将不只是整天围着孩子转，而如果你想要的就只是天天和孩子待在一起，那就很难打造“新的自己”了。

如何与伤害过你的前任友好相处

在抚养孩子的问题上，你不会和你的前任就所有问题达成一致，这会给孩子和父母带来压力。挑战在于，由于各种各样的理由，你们不再是伴侣了。这意味着你们的意见可能会不一致，尤其是在你实施了我称之为“强制斩断”（见术语表）的分手行动的情况下，你将发现，阻碍你与前任保持友好关系的原因其实有很多，在某些情况下，这简直是不可能的事情。

如果你的前任对你不忠，虐待你或做了一些特别伤害你感情的事，你可能会认为自己不可能原谅他，并忘记发生过的事情，这想法合乎情理。我请我的客户想象，如果伤害自己的不是前任而是朋友，他们是会仍然将其当作朋友，还是让那人离开。如果朋友让我们失望一两次，我们可能会原谅他们，但如果他们明知道会伤害我们还故意这样做，那我希望自己能与他们“解除好友关系”。

我们都需要设定合理的界限来保护自己不受亏待。如果有人越过了这些界限，在某些情况下，让这个人继续留在我们的生活中是愚蠢的行为，因为这会让我们遭受更多的伤害和痛苦。与那些以积极的方式爱你、支持你的人在一起，远离那些待你不好的人，这对你的自信和自尊都很重要。

如果你的前任这样对你，因为他/她是你孩子的父亲/母亲，那你就更难处理了。他/她可能会因为孩子的原因常常出现在你的生活中，无论他/她对你做过什么，你都不能像自己可能希望的那样与他/她彻底断绝来往。尽管父母双方都会因孩子而承受压力，但事情还有另一面，那就是你们也是孩子的榜样，孩子将从你们的行动中学到东西。如果有人对你极其恶劣，孩子觉察后，也会跟着学。如果你依然张开双臂欢迎这个人进入你的生活，就会让孩子感到困惑，并开了个坏头，孩子会认为用这种方式对待你是没有问题的。

当然，每种情况都有差异，每个人也时常犯错，但我这里谈论的是严重失信或极端不诚实的情况，它们已对你们的关系造成了无法弥补的损害。在这种情况下，明智的做法是，保护自己免受进一步的伤害，尽可能远离你的前任。

用保持距离但友好融洽的方式应对

我对这种情况有几点建议。首先是做好你孩子的榜样。通常，抽时间和父母双方共处对孩子有好处，所以要把你的个人感觉放在一边，找到对他们最有利的方法。

如前所述，可以与你的前任保持“功能友好型”关系。这意味着当你和他们在一起时，你能够暂时放下任何可能针对他们的负面情绪。这将使你们在一些场合中表现得友好，比如接送孩子、参加学校活动。这并不是说你对他们过去的行为持肯定态度，也不是原谅了他们，这只是一项强有力的技能，可以帮助你更好地处理棘手的情况。

前任在旁边时，你要保持好自己的界限，不要分享任何会令你后悔的个人信息。不过真诚也很重要，因为孩子能看穿你们的任何伪装。这可能从一开始就很困难，但你的目标是友好，你以前曾非常关心他/她，现在也可以利用这一点。保持轻松友好的交谈，坚持只谈与孩子有关或让你安心的一般性话题。如果你开始感到不舒服，那就离开，把自己从困境中解脱出来。请记住，你不需要做任何你不想做的事情，所以要准备好，一旦需要就马上离开。

放下愤怒和受伤感将有助于你继续自己的生活，你如果吃力地拖着过去的关系带来的旧包袱，就很难向前迈步。你可以通过更专注于创建自己热爱的新生活来实现这一点，这样的话，过往就只是遥远的回忆了。

为你的前任感到难过是消除愤怒和受伤感的好方法。怜悯是一种强大的情感，如果你愿意，它能吞噬你的愤怒和受伤感。

欢迎孩子回家的合适方式

孩子回家时，充分利用时间陪伴他们。我有一位客户，在孩子回家后的头两天里，她会随意问孩子周末生活的各种细节。小孩子并不傻，他们什么都学，很快，这个聪明的7岁孩子就意识到了这是怎么回事。最终的结果是，他干脆什么都不告诉母亲，聊天也变得小心翼翼，他开始觉得一切都很沉重，尤其当他提到自己在几点睡觉时，我的客户犯了个错误，她当着孩子的面打电话谴责前夫。她正将分歧和“剧本”揭露出来——她的前夫可能会和孩子串通，让孩子“不要告诉妈妈”。你应该想尽办法让孩子感觉自己可以畅所欲言。他们不应该觉得自己要对你和前任的幸福负责，这也就是你不该在和孩子告别时哭泣的原因。

不要纠结于你没有或不能拥有的东西，把注意力和精力集中在寻找解决方案上，这样你和孩子就不会错过美好时光，并能在这个过程中得到乐趣了。

最后，你必须努力工作，不让分手限制你的生活；同样，你也必须尽你所能，不让分手限制你孩子的生活。

不论情况如何，总会有让你感到棘手的时候，比如在一年中的某些特定时刻，虽然同样的原则依然适用，但事情可能会变得更糟。这都与计划和控制息息相关。

传统家庭活动和庆祝活动

圣诞节是传统的家庭节日，所以对于离婚的人来说，它会带来很大的困扰。如果你有年幼的孩子，这可能尤其令你苦恼，因为你想确保没有任何事情会破坏他们的神奇时刻。作为单身成年人，你可能也会害怕独自面对圣诞节。节日期间，你认识的大多数人都和伴侣、孩子一起欢度美好时光、享用家庭午餐、分享礼物，而你却可能处于情绪波动中。

对于很多为人父母的人来说，这些想法会让他们充满恐惧——过圣诞节也要和他们的前任划分与孩子共处的时间。我们从未签署过圣诞节不和孩子在一起的协议，但有时这是强加给我们的。离婚有很多积极的方面，所以重要的是不要在棘手的问题上丧失洞察力。生活并不完美，有时你必须充分利用你所拥有的东西，就像这个例子。

那么，如何才能勉强度过圣诞节，甚至过得愉快（我可以这样说吗）呢？关键是要记住，你可以控制自己的感觉和对某种状况的反应，那么你该如何扭转这种状况呢？我让客户自问："我如何能让这件事的进展对我最有利？"如果你向你的大脑灌输积极的问题，它就会为你找到有价值的答案。以下是我的一些建议：

换个日子过圣诞节

1. 如果你的孩子还很小，那么不必错过这个节日带来的神奇时刻，可以把你们的圣诞节安排在不同的日子里。去年，我把平安夜、圣诞日和节礼日分别安排在12月19、20和21日。我们做了圣诞节该做的所有事情，只是不在那几天而已。我邀请了外祖父母，他们玩得开心极了，甚至忘记了这不是"真正的"圣诞节！重要的是，我仍然能在我儿子的小脸上看到，他体验到了圣诞节的喜悦和奇妙，他仍然和我及我这边的家人一起享受了圣诞节的乐趣。事实上他过了两个圣诞节，所以他非常高兴！
2. 如果圣诞节期间你要独自一人度过，可计划一些你以前从未做过的有趣事情。你可以邀请其他单身朋友过来吃圣诞晚餐，有时，这比和家人在一起的压力要小得多。如果不需要操心孩子的事，你也能稍稍放松一下。

3. 与那些比你不幸的人一起过圣诞节。不论你在圣诞节有多么孤独和悲伤，总有比你情况更糟糕的人。圣诞节期间去慈善机构帮忙或拜访养老院的老人是很好的做法。有很多方法可以回馈你的社区，那些需要帮助的人会感激你。这也能帮助你拓宽视野，让你意识到你在生活中需要感恩什么，你可能正需要这些东西推你向前。

提前制订计划，确保你一直忙碌，一直有东西可以期待。

请记住，你因离婚而变得更坚强，现在你有机会按照自己的想法重新规划人生了。事情并不总是像我们希望的那样发展，但如果我们睁大眼睛、做好准备，总会抓住一些好东西。现在，你或许感觉自己已经准备好寻找伴侣了，而约会无疑是帮助你前进的好方法，我将在下一章详述这个话题。

第 8 章

约　会

约会能让你看清自己和他人的本来面目。如果你穿着参加化装舞会的服装去约会，那就什么也看不清了。

——亨利·克劳德（Henry Cloud）

当你挣扎于处理关系完结的相关事宜时，似乎很难对生活产生什么热情。分手的悲伤将你置于如此黑暗的境地，以至于完成最简单的任务也有困难。然而，重要的是转移你的关注点，你的处境已发生变化，要考虑你现在能抓住的新机会。想到那个曾伴你左右而如今走远的人，你会产生巨大的空虚感。你们相互交换的能量已经消散，现在是时候走出家门认识新的人了，打开心扉，和他人一起迎接新的机会吧。你所受的伤害也有助于你成长和发展，还能帮助你认识到自己对新伴侣的要求（包括优缺点），不过先不用想那么多，把注意力集中在自己身上，尝试以开放的心态去安排约会吧。

在大胆走出去、重回约会现场之前，你最好先拓展一下自我，让自己看清自身的真实能力。关键是不要指望用别人来填补你分手后留下的空白。你需要修复你的自尊，并找到让自己变得完整的方法，而不是依赖他人把你的生活安排妥当。你的新伴侣应该是你生活的补充部分，而不是让你倒苦水的人，也不是你想要验证对错的人。

我知道潜在陷阱是存在的，因为我自己经历过。离婚后我很快就遇到了马特，那段关系成了我的救命稻草。只要儿子一跟着前夫离开，我就马上跳进车里去找他。我真的喜欢和他在一起，现在我明白，我同时也把他和我的关系当作拐杖，但直到我们分手后我才意识到这一点。我记得这段关系结束时我很伤心，我最早的想法之一是："儿子不在时我要做什么？"这不应该是我和他在一起的理由，不过它确实成了救生索，填补了离婚带来的空虚，但这不应该。我现在认识到，就像我们在第6章中看到的那样，我需要自助，而不是完全依赖他人来为我做这件事。

你准备好约会了吗？

有些客户来咨询我的原因是，他们对再次约会感到紧张，或不确定自己是否已准备好。然而在这个时代，你不必准备好建立关系再出去与人见面。你可以舒舒服服地坐在家里，连妆都不化就和别人交流，如果你不愿意，你根本不必做任何事情。在准备好之前，你都可以用这个方法提升自信。

约会能让你重新找回生活的乐趣和激情，使你再次感受到悸动。在我的婚姻快要终结时，每当我观看浪漫电影，或是在电视节目里看到两个坠入爱河的人初次接吻时，我总是哭泣。我觉得自己再也不会有进入这种关系的机会了，因为我正和一个不想和我相处的人在一起。我经常听到客户这么说，他们已经好几个月没和伴侣有过性生活了，有些人甚至有几年。这是你重拾生活趣味的机会——拥有初吻和他/她的名字突然闪现在手机上时心头的一阵颤动。

约会是一种治愈方式

这是转移焦点、专注于未来的时刻，你不必许下任何承诺，也不需要寻找完美无缺的人，因为你现在只是需要做些事情治愈自己。你应该把这视为有帮助的、让你在治愈的道路上走得更快的步骤。你或许不会马上找到合适的另一半，但有时候，“当前人选”（见术语表）是你最需要的。你会发现，分手后第一个和你约会的人会起到重要作用，能帮助你做好准备，在真正遇到完美伴侣时表现良好。

并不是每个约会对象都能成为潜在伴侣，但这没关系。约会也可以是遇见新的人、结识新朋友的好方法。你可能会发现自己结交了一些很棒的异性朋友，他们都是很好的伙伴。如果你是女性，和“朋友圈”里的男性出去逛逛会很安心而有趣。这再次表明，世上有好男人，即便你们不是很合得来，也可以享受彼此的陪伴。当然，男性与女性朋友在一起也是一样的。我离婚后交了好几个特别好的男性朋友，我非常喜欢他们，只要我有需要，他们常常可以陪我参加社交活动。

当然，如果你们之中的一人喜欢上了对方，彼此的感觉不对等了，那情况就会变复杂。但如果“朋友圈”是以前建立起来的，后面的麻烦局面就可以避免。只要诚实地告诉他们你觉得你们不合适就好了。如果必要的话，可以指出他们身上你真正喜欢的地方，从而使对方更容易接受一些。这可能会让人觉得尴尬，但从长远来说，坦诚相告总比浪费他们的时间要好。请记住，如果情况变得很糟糕，你们必须拉黑或解除好友关系了，那就放手，保证自己做出正确的决定。

如何战胜约会恐惧

我听很多人说过："我太害怕约会了，万一又受伤了呢？"所以我要向你们展示一些约会技巧，保护你们的心灵免受伤害，并防止你们爱上第一个向你们示好或关注你们的人。我请客户做过一个叫作"设计你的理想伴侣"的练习。你不必非要列出终生不变的"特别对照清单"，但它在帮你认识到自己对新伴侣的要求方面非常有效。它能让你聚焦于你真正想要的东西（回想一下本书开头提到的"生存与发展的4个关键点"，在这里，保持清醒和专注很重要），还能使你摘下玫瑰色眼镜，充分评估你周围事态的发展和应该避免的事情，并且能帮助你留意警告信号，以免陷入或重复以前的坏习惯。

练习：设计你的理想伴侣

1.列出你希望新伴侣身上拥有的所有积极面，尽可能详细，因为在这一阶段，细节非常重要。你能否设计出理想伴侣的样子、喜欢做的事情、生活中会做的事情？以下是类别示例：

a）外貌。你可能对某些长相特征特别偏好（如高个子、金发等），但这个阶段重要的是保持开放心态，接受新的选择，所以写这一条时要仔细考虑。

b）个性。选择符合你喜好且便于两人相处的特点，例如，充满爱意、忠诚、有趣。

c）兴趣。如果你们有共同的兴趣爱好（比如政治或动物），你们的关系可能会更牢固。

d）爱好。在你的理想世界里，你希望伴侣在业余时间喜欢做些什么来充实你们的生活？例如，骑自行车，去电影院，去旅行？

e）技能。你的伴侣有可以使你获益的特殊技能吗，比如通晓法语或动手能力强？

f）事业。考虑你的理想伴侣会有什么样的职业或工作，例如，收入殷实又稳定、担任前途无量的高管职务或和你从事同一行业。

g）教育。如果你重视对方的受教育程度，就添加到列表中。

h）幽默感。你如果希望伴侣能让你笑口常开，那加上这一点。

i）家庭价值观。如果你们将来还想生孩子，或你在之前的关系中已经有了孩子，那么双方有一致的家庭价值观是很重要的。确保你的理想伴侣符合你的要求是个好主意，例如，他们对你来说比孩子重要吗？他们想要孩子吗？他们会成为什么样的父母？

2. 现在，在这一页的右下角写下5项“一定不能有”的情况，这些都没有商量的余地。有可能是你在过去的关系中无法容忍的事情，或许是触及你已经为自己建立的新界限。它可能包括以下几点：

a）与前任有孩子

b）吸毒

c）吸烟

d）自私

e）住处相距50英里（约80.5千米）以上

这个练习的目的是，基于你目前的人生经验，将你的焦点集中在满足你愿望和实际情况的伴侣上。一旦设计好了理想伴侣，你将能在遇到他们时更准确地进行锁定。

注重细节是有帮助的，但也要注重灵活变通（比如是否踢足球或眼睛是不是蓝色的往往不要紧）。这能使你清楚地意识到自己对伴侣的需求，而不是抱着不切实际的希望随意约会，漫无目的地寻找那个特别的人。在开始动手之前，你需要知道在哪些框框里打钩（确定自己的需求）。

经历了这个过程后，客户常常发现他们甚至不知道有些框框是必须钩上的（必选需求）。在最近的一次辅导中，我的一位非常独立的客户认识到，在她需要时，让她振作并开怀大笑的技能是她的伴侣不可缺少的。做了这个“设计你的理想伴侣”练习后，她的“灵光乍现时刻”降临，意识到自己想和一个足够关心她，留意她的感觉并能支持她的人在一起。

如果你确实下定决心与某人建立关系，列出“一定不能有”的项目就是在确保你不会掉入陷阱，对方如果有这些特点，很可能就不是你的理想伴侣，因为他与你珍视的一些东西有冲突。是花时间和他们在一起找点乐趣，还是完全不和他们来往，完全由你决定。

请记住，如果你明知道某人不会成为你的长久伴侣还花时间与之相处，那遇到真爱的机会就会大打折扣。开心当然很重要，但也要关注你真正想要的人。

如何避免犯错

在整个分手的过程中，重新开始约会可能是最令人胆怯的一步了。此时的第一要务是确保自己已做好准备。如果没准备好就重回约会场景，一些人的自尊和为找回自我而付出的所有努力都可能遭到灾难性的打击，而另一些人则会信心大增。好消息是，随着科技的发展，如今你甚至不用出家门或离开沙发就能开始约会，浅尝辄止是很容易做到的，你并不需要真的出去与人见面。

刚离婚时，我们可能会和一些不符合我们择偶要求的人约会。你只要在养成习惯之前意识到这点，我想问题就不大。我有一位客户，离婚后仓促地约会，总是迷上那些和她前夫一样对她不友善的男人。过了一段时间后她认识到，很显然，自恋者对她有吸引力。我们讨论了其中的原因，确认她是被那些能让她想到前夫的男人所吸引！她没有花时间从错误中吸取教训，也没弄清楚自己想要什么。

制订计划

你不必一丝不差地遵循你的计划，但在你分手后感到很脆弱时，它能起到重要的指导作用。“设计你的理想伴侣”这一练习能帮你重新考量自己的择偶标准，也免得你深陷旧模式中不能自拔。对此有所认识并把自己放在合适的位置上，进一步了解自己不能容忍的坏事有哪些是很重要的。当你重回约会战场时，它将给予你保护。

再度约会的关键是弄清楚你的需求并力求平衡，同时不要在这个过程中抱太大的希望、给自己太大的压力。

集中注意力

搞明白你对伴侣的要求：

- 从过去的错误中吸取经验教训。
- 以开放的心态尝试新事物。
- 评估对比你想要的和你需要的东西。
- 清晰地知道你无法容忍的事情。

开始行动——我的故事

有一种开始的方式是告诉朋友你已经准备好再次约会了。即便你当时还不想去，也要敞开心扉接受邀请，并认识到，一旦你知道自己在寻找什么，就更容易留意到它的降临。

虽然我说的听起来很轻松，但这段经历却异常艰难。很多事情都让我感到痛苦和遭到了背叛，所以我必须努力工作以度过难熬的时刻。处理好最初的分手事务后，我开始发现约会带来了其他伤害。其中一个问题便是，我对离婚带走的一切非常痛心。最初我有机会和我认为能与之白头偕老的男人一起拥有一个大家庭和很多孩子，而找新男人的想法却让我意识到，我因为和“错的”人结了婚而放弃了很多东西。真相是，当你因找到自己的“唯一”而安定下来，不再焦虑，并认为不再约会挺好的时候，寻觅配偶的行动就结束了，你也就死心塌地了。我不知道有哪位女性在找到终身伴侣后会不感到如释重负（当然，她爱她的伴侣，这是事实）。当婚姻出了问题时，你不再相信“永远”这个词，也很难从头再来。分手后我真的没心情去约会，但我通过朋友找到了一个人，并以轻松的方式与之相处，我很幸运，因为情况慢慢转好了。

马特和我在朋友组织午餐的酒吧里相识。我们俩都是朋友请来的客人，所以这顿午餐轻松悠闲、毫无压力，只是聊天、说笑。午餐结束时，大家都计划去阿斯科特赛马会（Ascot Racecourse），因此我朋友也请马特一起去。那时我住在伦敦，不知道马场附近有什么地方可以住，我朋友建议我问问马特，因为他很了解当地的好酒店。而我也没有感到任何压力，就给他打了电话，我们聊了聊，然后出去喝酒。我们两人独处后，事情加快了发展的步伐，最后，在去阿斯科特之前，我们已经在一起了。

不错，但不是很合适

回想起来，我知道自己爱他，可能现在还有那么一点爱，而且说实话，他也成功地分散了我对离婚的关注——他很风趣，我们一起旅行、享受激情，他令人很有安全感，也在情感上支持我。他还很有主见，而且非常重要的是，他没有被我混乱的离婚状况吓倒。他从不希望见我的前夫，而且不在这个问题上强加自己的观点，即使事情发展得不太好，他也相信我可以顺利解决。他总是在那里，给我以安慰，但我从不记得他曾告诉过我要如何解决问题。有趣的是，正是马特让我意识到，我更喜欢和有孩子的男人约会（我们稍后会详细讨论这点）。对我来说，儿子是我宇宙的中心，他的地位不容动摇，如果对方不能理解，那我是无法与之相处的。

马特离过婚，有两个可爱的孩子，虽然都比我儿子大得多，但他也和我一样经历了一切。他对我儿子视如己出，也完全尊重和欣赏我和儿子间的亲密关系。他也特别尊重我，他有自己的生意，所以很务实，在我创建公司时给了我大力支持。我们的关系非常棒，他为我修补好了许多伤口，但这却不是我的“永远”。他早就告诉我，他不想再要孩子了，但我对自己的想法不确定。

他的孩子更大，所以他更自由，想去旅行、做自己的事情，而我则刚搬进一所房子，把儿子送进托儿所。如果把孩子对父母的需求画成金字塔图，那他的孩子已经在塔尖，而我的孩子还在塔底。从人生阶梯的角度来讲，他已经爬上了台阶，而我还在最下面努力。我们的分手很痛苦，也伤透了我的心，但在写本书时，我也领会到，马特已用各种方法融化了我的心。我和前夫分手时，有一大堆身体和情感上的问题，几乎没有自尊和自信，对男人完全失去了信任。马特爱我、支持我，从而帮助我解决了这些问题，他让我明白世上有好男人，我能够有正常的关系。尽管分手时我们非常伤心，但我已明白，自己可以和另一个人一起尽享快乐，能够再次投入爱的怀抱，孩子可以开心地和另一个男人相处，这对我而言非常重要。

我和马特在一起时完完全全拥有自我，我知道这对我很重要。奇怪的是，和他分手并感受了那些至深的伤痛后，我真切地看到自己已经从离婚中走出来了，我将永远感激我们的关系带给并教会我的一切。

勇敢点，冒险一试！

不要害怕再次坠入爱河。无论发生什么，你都将收获成长，变得更好，再次体验到爱。你已经从本书中学到了新技能，如果它不能永远使你获益，至少这次你可以用这些技能迅速反弹。

约会可做的事

- 首次约会坦白自己的状况。
- 考虑潜在伴侣对家庭的兴趣，因为与拥有不同期望和梦想的人约会毫无意义。
- 认真选择你的约会对象和你孩子要见的人。他们很快会产生依赖的感情，你与新伴侣分开时，他们也完全能体会到你体验过的分手滋味。
- 把孩子放在优先的位置上。如果你因为孩子生病或需要照顾而取消约会，对方却不能理解并体谅，那么他/她就不是你要的伴侣。
- 尽情享受你的约会。重要的是不要只把自己当作家长，要再次散发出性感的魅力，体验美好的感觉。
- 网上约会要保证安全，在人多的地方见面，始终让朋友知道你们在哪里。
- 见面前通过电话与对方联系，因为通过一次交谈你就能对对方产生很多了解。
- 首次见面选择喝咖啡而不是用餐，这样压力就会小很多。
- 保持开放的心态，与不同类型的人见面，帮助自己发现真正喜欢的人。
- 保持微笑。
- 约会时多提问题，了解对方的本性，不要整晚只谈论自己。
- 想离开时就离开。
- 要面对现实，摘下玫瑰色眼镜。

约会不可做的事

- 不要谈论你的前任。
- 不要讲述你的悲伤故事。
- 不要整晚谈论自己。
- 不要言过其实或说谎，因为随着关系的发展会被识破的。
- 不要逾越自己的界限。
- 不要在约会前用短信狂轰滥炸对方，也不要在约会后拼命打电话。
- 不要向孩子倾诉。我们都看到过那幅难以置信的悲伤画面——威廉王子把纸巾从浴室门下面推给哭泣的戴安娜，试图让她感觉好些。不要倚靠你的孩子，不要向他们询问约会建议，不论你们的交谈多么平常而有节制。
- 任何情况下都不要仓促行事。关于如何不慌不忙采取行动、享受真正了解他人过程的问题，我们可以谈很多。

我真的认为，你的旧关系就应该留在过去，而不是当成反例时时谈起，如果你们只是在一起批评前任，靠谈论自己厌恶的感觉联络感情，那就不必继续约会下去了，因为这无助于你们互相了解！

婚介机构有风险

虽然我是在很轻松的氛围中遇到的马特，但我的经历也并非一帆风顺，我也有一些信心尽失的经历，更不用说还灾难性地遇到了不怎么样的婚介机构。那时我觉得自己再也不可能直接遇到什么合适的人了，所以决定把自己的信任和金钱投入某个有较高的成功率的专业系统中。我迈出了第一小步(正如第6章铺路石练习中所说的),在网上做了一些调查，由此发现了几家看上去比较喜欢的中介，并打电话给他们。我联系了几家不同的机构，询问他们的工作人员，他们的工作流程是什么，有什么优势。我想确保他们明白我的需求,并有适合我的潜在伴侣,因为做了“设计你的理想伴侣练习”后，我非常清楚什么人与我合得来。

最后我选定了一家机构签约，并支付了6000英镑。一开始的程序是三四个小时的面谈。大约进行到一半时，我的心中泛起了忧虑。那个与我面谈的人极力表现出对我的兴趣，却随机扔了几个男性的名字给我，并重复这类的话:“天呐，我就知道你会爱上詹姆斯，他和你真是绝配。”但我根本听不进去。

第一次约会的效果不好，我随即返回中介告知。他们一本正经地说，这只是初期的暂时性问题，我必须再给他们一个机会，所以我又离开了。他们推荐的第二个人对中介不提供照片一事愤愤不平。当我打电话和他商量晚上的外出计划时，他说:“萨拉，我们还是直截了当，别兜圈子了，你就先给我发一张照片吧，我需要看看你的样子。我的意思是你不会对我的长相失望的，但是我已经见过几个人了，她们都不讨人喜欢。”那次谈话为我们的约会定下了基调，所以如果你知道我们没能从此过上幸福的生活，也不会感到惊讶的。

他希望在我家这边约会，让我在附近找家有好酒的酒吧订座，并告诉我，我一到那儿就能认出他，因为他“长得帅”。我到了后就开始找他，最后找到了（难度比他说的大)。他站起来，上上下下打量了我一番，然后说："嗯，可以，你通过了。"这可真够特别的。

作为我要求的一部分，我已经向中介明确表示，我想找一个能分享商业热情或具有创业天赋的人。中介向我保证，这第二个约会对象是搞"房地产投资组合"的。然而，进一步讨论这个问题时我才发现，他的"投资组合"就是位于特内里费岛（Tenerife）的一套分时度假公寓（timeshare apartment）。他抽烟（这在我清单上是禁止项），也没有孩子（就我而言，也不符合条件）。我仍然在为此感到困惑时，账单来了，它就躺在那里，我们俩都注视着它，不知道该怎么办。最终，我把银盘和收据拖到面前，说："你希望我和你平分账单吗？"

"嗯，萨拉，我觉得这样做才对。"

然后他把我的20英镑纸币放进他的钱包，没有找零，随后用他的信用卡付了账单，一共30英镑！这个最糟糕的夜晚还有一个不寻常的结局，他知道我就住在这附近，可以打车带我过去，但是他没有。我叫另一辆车时，他就只是看着。

总而言之，中介收了我的钱，给我安排了3次约会，但这3个男人都极其不合适，在任何方面都不满足我之前提出的要求。

我与另一家中介接触时也有过糟糕的经历，那感觉更像是一出喜剧小品，尤其因为他们声称（用小号字体写着），该中介不能为42岁以上或衣服尺码大于12[①]的女人提供帮助。那个老板要求我先面试，看看我是否适合接受他的帮助。我去他的办公室见他，在接待处等了一会儿，然后被护送到6楼，进入一个铺着白色长毛绒地毯的大厅，那时我才发现那居然是他的公寓！他向后靠在椅子上，开始给我做精神分析，问了各种五

① 英国尺码12对应的国际标准尺码为M码。——编者注

花八门的问题，涉及我和我父亲的关系、我和前夫的关系、我的性生活——基本上都是不合适的问题！他说他想知道我为什么38岁了依然单身，虽然他得不出任何结论。然后转而强行推销，要我和他们签约。

提防鲨鱼

如果你为了约会精心打扮、盛装出席，甚至特意将孩子安排给别人照顾，最终却大失所望，这结果当然令人懊恼沮丧。然而，把约会当作数字游戏是完全可以的，所以重要的是学会如何享受过程。关键是不要让糟糕的约会经历坏了你的兴致。我自己的经历不太愉快，但至少现在可以把其中一些好玩的故事讲给我已婚的朋友们，让他们乐一乐！

我也知道，有人通过婚介机构成功地找到了一生的挚爱，我并不是建议你把它们完全排除在外，这只是我自己的经历。我主要是想提醒你保持警惕。在内心脆弱的时候，你可能担心再也找不到真爱了，等你反应过来的时候，自己已把钱和信任交到了可能从你的脆弱中牟利的陌生人手里。要明白，如果中介说得天花乱坠，听上去好得让人难以置信，那多半是有问题的！

中介的类型如此之多，你的选择余地真的很大。

如何选择婚介机构

经历过惨痛教训后，我总结出了选择中介的如下窍门：

- 面临很多不同类型的中介时，要研究哪种合适。
- 签约前要花时间和他们的工作人员交谈，并在他们的办公室和他们见面，因为这样会让你对该公司有真实的感觉。

- 寻找一家将约会和工作、爱好结合在一起的中介，因为这会提供更舒适的体验。
- 如果你感觉不好，或对签约有压力，要把这当作避开它的信号。
- 不要仅因为他们承诺提供更好的服务或有更多的选择，就相信他们的鬼话并多交钱。
- 要仔细阅读合同中的每项条款，因为一旦签了约，你再觉得不如意，想要拿回钱可就难于登天了。

专业化中介

你也可以考虑有创新精神的婚介机构，他们将约会和其他事情结合在一起，比如商业或特殊兴趣。他们可能会为职场单身人士建立关系网或组织品酒之夜。我个人偏好这种形式，因为它够新潮，不是那种烂大街的俗气东西。我的一位好朋友通过婚介机构认识了一个家伙，那间中介机构主要针对经商的单身人士。她在家创业，以获得第二项收入来源，所以她认为把社交关系网和约会结合在一起是个有意思的主意，可以看看结果怎样。第一次参加中介组织的活动时她惊喜地发现，气氛一点也不尴尬，他们的主要话题也在于商业。她在结识男人的同时还和同行建立了联系，在接下来的几周里，那家伙都约她出去了，直到两年后的现在也是，她感到非常快乐。

网上约会和约会 app

最好试用不同的约会方法，以找到最适合你的那种。有了和婚介机构打交道的不快经历后，我很快总结出，对我来说更有效的方式是，自己控制约会事务，而不是把它交到自诩为“专家”的人手里。我决定尝试网上约会，这样就能自己选择约会对象了。我有自己设计的“理想伴侣”清单可以参考，能够更容易地筛选潜在伴侣。

我是约会 app（应用程序）和约会网站的超级粉丝，使用这些资源，你不需要太多的承诺，也不用花很多时间来上传个人信息，很快就能开始在约会的世界中徜徉。例如，Tinder 是一款约会 app，你可以查看在上面寻找约会对象的人的照片和简介。我知道有些人觉得它只是个提供自由性爱的网站，而我认为，对于那些只想试试水而非深入下去的人来说，该网站堪称完美。它是免费的，在任何地点都可使用，而且不必把自己打扮成最上镜的样子。Tinder 也很适合那些想要掌握主动权的人，如果不喜欢，只要在屏幕上滑一下，不会伤害任何人的感情，也不会与人发生冲突。对那些从棘手关系中走出来且不怎么自信的人来说，知道自己拥有拒绝别人的能力会增强个人力量。我的一部分客户已借此脱离身心受虐的关系，在任何时候都能控制自我，我觉得对他们来说，这个网站再好不过了。Bumble 是另一款约会 app，如果你喜欢某人，可以向右滑动，否则向左，它还使控制权牢牢掌握在女性用户手里。她们必须迈出第一步，发起对话，这样就能控制整个过程。这是个有趣而方便的查看潜在约会对象并尝试约会的方式。

书写约会个人简介的技巧

恰当的个人简介能反映你的真实个性。

- 简明扼要。
- 不要泄露个人隐私。
- 使用与现阶段你希望给他人留下的印象相匹配的照片。
- 诚实可信。
- 思考你的简介如何能吸引到你想要吸引的那类人。

约会app能让你在真正行动之前思考自己到底想要什么。你可以只和其他用户聊聊，而不去约会，这样就有时间识别你过去的模式，防止重蹈覆辙，并改掉坏习惯。通过做“设计你的理想伴侣练习”，把对伴侣的期许清单从潜意识提升到意识层面，你就能认清自己从其他关系中取得的收获，并摒弃不好的部分。你将学着相信自己的直觉，当你回顾那些非常重要的后见之明时就会明白，其实当初那些表明“你们并不合适”的蛛丝马迹确实存在，只是你选择性地忽略了它们而已。不论面对的是人还是某种状况，我们都能靠本能和直觉做出判断，其中的诀窍就是不要视而不见，这种感觉甚至强大到能帮你厘清思路。

前任密码——可为与不可为

我们在第7章中讨论过这样的情况，在分手过程中，由于财务上的原因，双方不得不住在同一屋檐下。如果分手的过程相对干净利落，那么人们也很容易划定恰当的界限。不然你和前任一起住在原来的家里的时间就会比较久了。达成财务协议可能需要一段时间，所以有时候在解决这个问题之前，住在一起是唯一选择。这可能会很辛苦，尤其在非和平分手的情况下。如果你们有孩子，或其中一方已找到了新伴侣，那情况会更糟。在这样的环境下生活太难了，不过你可以做一些事情来使其变得容易些。

和你前任发生性关系是好主意吗?

分手从来都不是件易事，人们总要经历一个从纠缠到解脱的过程。你们多年来的相互依赖，就算不用几年时间，也需要数月方能拆解开，你们都将试着在各自的人生道路上继续前行。

有些伴侣渐行渐远，相处起来更像是朋友而非恋人已经有好几年的时间，所以他们都不会错过和前任的亲昵行为，甚至会渴望这种亲近；而对另一些人来说，只是想到肢体接触就能让他们不寒而栗；还有一些伴侣，虽然他们之间的化学反应仍然存在，但关系已不和谐，不再适合在一起生活。

挑战在于，如果你依然和前任保持性关系，就很难向前迈进了。你们中的一人可能寄希望于靠亲昵挽回彼此的关系，但它也可能揭开旧伤疤，而那样的话，你会在治愈的过程中倒退很多步。

“我以为我可以改变他的想法”，最近一位客户坐在我诊所的沙发上啜泣。她的伴侣在一个月前离开了她，可她仍然拼命想把他找回来。然而她很快认识到，任何时候只要他打个响指（召唤她），她就会去满足他的性爱需要，这无助于挽救他们的关系。事实上，她的前夫想兼得“鱼”

和“熊掌”，而且不做出任何承诺，这不断侵蚀着她的自信心。后来她坚强了起来，当前夫要求发生性关系时，她就借口“忙碌”推辞。几个月过后，前夫表示想复合，然而此时我的客户已意识到，她值得拥有更好的伴侣。

性爱会模糊界限，而且当你退后一步[①]时，你对前任的感觉会更强烈。当然，你可能会因此意识到自己确实想和他在一起，但无论如何，至少你的头脑会更清醒。

有些人或许能做到既和前任保持性关系，又坚守界限，可如果两人投入的感情不对等，就会遇到麻烦。即便如此，有些时候情况可能会变得很有趣。总的来说，你会与前任分开，是有充分理由的。如果他们欺骗了你，或者做了更糟糕的事情，那么无条件地让他们待在你旁边会伤害你的自尊。设定你的界限，明白自己应该得到什么，不要因为任何人降低自己的标准。这世上有的是人，所以不要因为自己的不安全感而抓着前任不放。如果你怀疑自己能否再找到伴侣，只要注册一个在线约会网站或最新的约会app，登录进去试试就知道了。

戒掉你的前任

与抛弃或花几个星期“戒掉你的前任”（见术语表）相比，如果你紧抓着上一段关系中残存的感情不放，那你遇到真命天子的机会要少得多。戒掉你的前任意味着：

- 不要有任何联系，包括深夜情绪低落时找借口打电话或发短信给他/她。可以找个朋友发短信。

---

① 指避开前任。——编者注

• 切断社交媒体上和他/她的联系。不在网络上追踪他/她的消息（见术语表），因为如果看到他/她在做没有你参与的事情，你会更难放手。

• 不要再谈论他/她。想讨论你分手的经过及对前任的感觉很自然。和自己约好，在一段时间内都不谈这些。你将惊讶于这样做在多大程度上影响了你的感觉，因为谈论这些会不停唤起你的不良情绪。

戒掉你的前任后，你将能更好地控制自己的处境，也能对你和前任的未来做出更长久的决策。睁大你的眼睛看看所有选项，请记住，你的前任并非唯一的选择！

如果你仍然和前任一起生活或工作怎么办？

我相信，无论你们的关系是如何结束的，也不管你对前任的看法怎样，做正确的事情总是对的。如果你总是尽自己最大的努力，那就不会有遗憾，并能始终保持自己的尊严。

如果你和新伴侣开始了新生活，而你依然和前任住在一起，那千万别把他们带回家，因为这可能会招来大麻烦。不管你觉得开启新生活有多正当，把你的新伴侣带回家总是不合适的。向你前任展示新伴侣有多棒的想法可能极具诱惑力，你甚至可能想利用他们让前任感到难过或嫉妒，然而，你必须站在道德高地上，让你的个人生活远离原来的家。

如果你决定和这个新伴侣共度余生，那就要尊重你的婚姻和你自己，在现阶段把你的新旧生活完全隔离开来。

同样的道理也适用于你和前任仍然一起工作的情况——保持冷静和专业，要表现得像在和无关紧要的人一起工作。你不会希望所有人都参与你的个人事务，或强迫他们站队。那就制定基本规则，保持职业上的互相尊重，协调你们的日程安排，尽量避免与他同时出现在办公室里。

拥抱新的机会

虽然分手后再度约会可能会带来一些麻烦，但请记住，它应该也很有趣。慢慢来，享受这个过程，这可以是真正的增强信心和自尊的快乐方式。即使你没有马上找到灵魂伴侣，也可能最终结识一些超级棒的新朋友。如果你的心态足够开放，甚至还能够建立一个全新的社交圈，发现自己收到活动邀请，而这些是分手前没机会去做的。我的建议是，对每个邀请都说“好”，因为你永远不知道会与谁邂逅。

如果你觉得马上去约会还太快了点，并不意味着就应该把自己藏起来，你仍然可以独自出门享受自由。离婚或一段长久关系的终结会令人不安，因为你不太能再次轻松地参加满是情侣的晚宴，所以起初可能会感觉不自在。我很早就发现了这一点。我认为最好的方式是做好准备、迎难而上，如果有人问我：“你结婚了吗？”我的回答总是简洁而切中要害，但为了免得大家不开心，我会说得轻松愉快：“没有，实际上我很高兴自己离婚了。”真相是，人们不会好奇细节或要求你讲述自己的故事。我把这和简单的问候（你好吗？）做类比，其实大多数人只是想听你说：“挺好，谢谢！”

如果你和一对情侣交谈，要同时关注两个人，不要过分热情地认为对方真的很高兴和你谈话。我试着确保自己和两人平等地聊天，一旦我提到离婚，通常会紧跟着说些别的来分散他们的注意力，然后继续谈话，以免大家尴尬。如果他们不认识你，却向你询问，显然也就不会希望你把倒霉的分手故事倾吐给他们。如果你让人们极度紧张，会吓到他们，所以你的重点必须是让他们安心惬意。

我有一位客户，她在学校认识的一些家长邀请她参加聚会，她很紧张，因为这是她离开丈夫后的第二次外出。有一位父亲问她过得怎么样，她很高兴有人和她说话，于是整晚跟他说个没完，最终惹恼了他妻子。我的客户的本意是好的，因为有人跟她说话而太放松、太热情，最终搞得对方两个人都不舒服。

我认为很重要的一个技巧是，为这类场景做好准备，这样你就会更加游刃有余，不会出纰漏。要始终清楚自己准备说什么，把它当作“脑内电影”，在脑袋里练习一遍。说话、感受、倾听，就像身处那种场景下一样。这能让你有所准备，一旦在现实生活中遇到这种事，你将能平静而恰当地做出反应，因为你已经操练过了！

约会是一种享受，你可以尽可能多地去约会。它也是一种机会，让你与各种有趣的人相遇，所以要保持开放姿态，满怀期待地与潜在伴侣会面，把所有痛心的事都抛诸脑后。此外，它更是让“新的你”挺身而出的良机。

后 记

人们总是把自己的成长归咎于环境，我不相信环境是决定性因素。在这个世界上，那些取得成功的人都在积极寻找他们想要的环境，如果找不到，他们会创造一个出来。

——乔治·萧伯纳（George Bernard Shaw）

“我什么时候才能向前迈进，继续自己的生活？什么时候才能感觉良好？”在我的诊所，我常听客户这么问。答案是，一切都已经在进行之中，你其实已经进入了恢复过程的下一阶段。从翻开这本书阅读第一页起，你就开启了这个过程，踏上了这段旅程。现在，你确确实实处于新的、更有力量的阶段，改变正在发生，你也正在改善自己的感觉。技能和诀窍已把你武装起来，你可以运用它们来让事情顺利进行，在应对复杂、困难的局面时，它们能助你一臂之力。你也正在采取一些小的行动，向着更光明的未来进发。目前你已制订好计划，在遇到障碍被卡住时，本书中的练习可帮助你走出困境，使你保持头脑清醒、稳稳地掌控住自己的生活。

任何时候，如果你感觉自己在倒退，那就认真对照自己的行动计划，把自己的注意力重新聚焦在那些能让你感觉更好的事情上。进步时鼓励自己，情绪低落时不要苛责自己。请记住，分手的经历充满挑战，有很多起起落落，日子过得时好时坏是正常的。关键是运用本书中的技巧，每次向前一小步，不断增加好日子的比重，帮助自己更好地应对分手事件抛向你的一切。

意识到自己可能随身背着过去的包袱并努力甩掉它。放手是一种解放，你拥有的能创造自己想要的新生活的自由弥足珍贵。

做你能做的事情并不能带来力量，而征服你曾以为做不到的事情却可以。下定决心，向自己证明你可以做到，你将比以前更强大。事实上你可能会感到惊讶——在这个痛苦的时刻，你竟能创造出如此多的好机会。

我曾一度疑惑自己能否再得到幸福，但自从决定迈步向前并夺回自己的控制权，我已努力创造出一项可以惠及全世界人们的事业。我翻转了自己的处境，把痛苦、恐惧和悲伤的时光变为一段经历，使自己能够为我和儿子打造更好的生活。我引导内心的伤痛和混乱走向消亡，并构建新的、令我振奋的东西。我要用它来推动我向前，而不是阻止我进步。我们都挺过了生活中的艰难时刻，现在仍然顽强地站立着。重要的是，你只要能做到一次，就能做到第二次。当然，路上仍然困难重重，但我现在明白，在通往未来的路上，我有力量和工具为自己保驾护航，就像如今的你一样。

学习永无止境。我不断读书，参加世界各地的研讨会，会见同行、专家并获取他们的思想观点、意见和建议。我的客户遍及全球，有男有女，背景各异，包括行业先锋、名人、全职妈妈，甚至是退休的（外）祖父母。

读完本书后可以留着以后参考，我就准备这么做——在需要时深入研究相关章节。如果想获得更多信息或针对你个人情况的解决方法，可访问我的网站。如果想参加我的讨论会或静修会，或接受一对一的辅导，也可浏览该网站。我有Facebook和Twitter账号，你也可以关注，以获得每日进步或技巧提示，帮助自己始终走在正轨上。

能走到这一步并坚持下来，说明你做得不错，有决心在生活中做出改变并改善自己的处境。但它的意义并不止于此。现在你有了动力，能确保自己及时更新行动计划并继续前进。每周的几小步可能体现不出多大的效果，但一个月后，所有小步骤产生的累积效应将实现大的飞跃。它将成为你的新思维方式和惯例的组成部分，一切都变得更加容易。很快我们就会习惯，并能够以平静和非对抗的方式处理冲突并翻转困难状况。你将会注意到，笑容越来越频繁地出现在你脸上，你的信心也将树立起来。一路上，适时驻足，轻嗅玫瑰花香，并庆祝自己取得了丰硕成果。

你可以成为他人和孩子的灵感来源。请记住，生活中发生的事情并不能决定你是谁，你用以战胜一切的所作所为才可以。尽你所能做最好的榜样。你可以把从本书中学到的技能运用到其他很多富有挑战性的生活状况中，可以把它们当作工具，在你生活的所有领域中使用。有时候你可能只需要一点点动力，而另一些时候，你或许需要拿出强悍的空气钻来重新设计你的整个生活。这全都由你选择。

你要记住这件举足轻重的事情：虽然你已经熬过了最困难的时期，但我不能保证你不会再遇到新的挑战，事情有可能会变糟，因为分手是生活中最艰难的事情之一，总是伴随着各种各样的挑战。诀窍是不要担心自己会出错，当你不知道该做什么的时候，不必焦虑，要记得你现在已经有了解决所有问题的工具。本书将永远陪伴着你，它是你的朋友，我希望你能一次次从书架上把它拿下来阅读，它将每天提醒你，你可以做到这一点，因为你已经证明过你行。分手后，你赖以为生的所有东西都在这本书里，在其后的一年、十年、二十年间，它们都将助你前行。

你的确已经和你的伴侣分手，但你正在成为最好的、真正的自己。你确实经历了心碎，但你已经清楚地意识到自己需要鼓起勇气面对。你尚在路上，还没有走完整个旅程，但你拥有一切需要的给养和装备，它们会在你动身后走过的漫长旅途中给予你支持。

不达到极限，我们永远不会真正认识到自己的潜力到底有多强，这就是分手事件带给我的启示。它就像一束强光，照在那时的我和我拥有的一切上，令我视线模糊，认不清我眼前的人和事。但它教会了我很多东西——最主要的是尊重自己，否则你也别指望别人尊重你。无论你们的关系是如何结束的，重要的是要记住，你可以熬过去，之后也能活得精彩。

请记住，每个人都是独立的个体，都将以不同的方式使用本书。它将帮助你发现真实的自我，并认识到分手是个机会，能发掘出最好的那个你——那个为自己感到快乐而自豪的人，而不是你认为自己应该成为的、只想着挽救关系或取悦他人的人。是的，爱关乎给予和索取，但如果爱已逝去，那就抓住机会考虑清楚，为了即将降临的爱，你将做何改变、为何改变。下一次会有的，你只需做好准备，勇敢坚强地去拥抱它。

本书的目的是帮助你重获控制权，让你重拾走出去的信心，完全按照自己的意愿重新设计生活。无论你选择朝哪个方向前行，我都希望我的文字对你的旅程有所帮助。

分手只是你人生经历的一部分，不要让它成为中心事件。你周围的很多证据表明，人们能够走出分手困境、重获幸福，快乐地继续自己的生活。

附　录

行动计划表格

就像引言中“创建行动计划”部分所描述的那样，使用这个表格创建你自己的行动计划。

行动内容	最后完成期限	已完成

术语表

强制斩断（Aggressively Severing）：一种激烈的分手方式，会和分手对象发生冲突。

回飞棒效应（Boomerang Effect）：每次你情绪低落时，都能比上次恢复得更快。每次都能比上次更轻松地掸掉身上的灰尘、重新爬起来、笑出来。

“构建自我”的时间（‘Build on You’ Time）：在这段时间里，你会聚焦于个人发展，努力为自己创造更美好的未来。你可以改善应对当前状况的方式，学习新技能或获得新的经验。

追踪网络消息和社交媒体自我伤害（Cyberstalking and Social-Media Self-Harming）：在社交媒体上追踪你前任及其朋友的消息可能会带来巨大的伤痛。看他们十分享受没有你的日子，你的感觉会更糟。切断一切社交媒体联系是个好主意，这样当你脆弱的时候就不会想去登录了。我知道，解除这种偷窥式的联系会让你感觉很痛苦，不过一旦按下“解除好友关系”的按钮，你将获得巨大的解脱感。

戒掉你的前任（Detox Your Ex）：这是一项摆脱前任的技能，要做到不用电话、短信、社交媒体联系，不谈论你的故事，不提及前任的名字。它将使你更好地控制自己的情绪。

能量吸血鬼（Energy Vampires）：有这么一些人，他们和你在一起时会耗尽你的能量，就像把你的生命吸走了。有他们在身边，你的感觉会比以前更糟糕。在他们面前，你会感觉心神不宁、局促不安。

使之翻转（Flip It）：不论情况有多坏，都能发现好的一面并专注于它。

功能友好型（Functionally Friendly）：在和前任共同抚养孩子时与对方友好相处。这是把孩子放在第一位的最佳方式，能够在有需要时与对方友好交谈、一起出席学校的各项活动。要想做到这一点，你必须真诚地关注前任的优点，和孩子在一起时，要把你们之间可能存在的一切问题搁置一旁。这并不意味着你们已经变成了好朋友，甚至是原谅了发生的事情，只是提供了一种切实可行的方式维系彼此的关系，以在最大程度上保护孩子的利益。

仓鼠轮（Hamster Wheel）：一种思维过程或行动，你像小狗追着自己的尾巴那样不停自问那些永远也无法回答的问题。结果是一直在原地打转，始终没有取得任何进展。这是一种破坏性的心态，会妨碍你治愈自己和向前迈进。

治愈过程（Healing Cycle Process）：这是你分手后要经历的 5 个不同的情绪阶段。它基于库布勒－罗斯的悲伤 5 阶段理论。

灵光乍现时刻（Light-Bulb Moment）：你突然意识到了一些事情，立刻清楚了当前的状况。

脑内电影（Mind Movie）：帮助你为担心遇到的状况做好准备的技巧。在你的头脑中想象那个场景，就像在电影院里看电影一样。看到自己应对自如且很坚强，听到你们的对话，感受一切尽在掌控的良好感觉。想象一切进展顺利，并为达到的效果感到高兴。

当前人选（Mr/Ms Right Now）：分手后，并不是你遇到的每个人都有可能成为你的真爱，但那并不意味着你不应该再约会。“当前人选”是你当时最合适的人选。

换鞋（Shoe Shifting）：换上别人的鞋子[1]，通过他人的视角看待特定的状况。你需要考虑他们的背景、教育程度、思维过程、观点和信仰，这样就能看到他们眼中的世界，并深入理解他们以某种方式做出反应的原因。这项技能非常强大，可令人头脑更加清醒，帮助你了解他们的行为，尤其当他们的行为伤到你时。

3S 系统（SSS System）：包括 3 个部分——走近它、接纳它、解决它。想象你面对的困境，除了应对之外别无选择，只能看到自己的顽强并进入角色。深呼吸，想象你正从呼吸中汲取力量，然后问这个新的、更坚强的你，现在能做哪件小事来让状况好转。在这种积极的状态下，你将找到更好的答案来帮助自己前进。

铺路石（Stepping Stones）：写入你行动计划中的小步骤，可使你在分手后继续向前迈进。

压制情绪（Stuffing Your Emotions）：不允许自己感受任何负面情绪。

心意突变时刻（Switch - Flicking Moment）：在某一时刻，你的情绪发生变化，再也感受不到以前的感觉了。关键是要积极地利用这个时刻，摒弃消极思想，看到未来。

特氟龙（Teflon）：就像水珠从鸭子背上滚落那样，你要让不好的事情从自己身边滚走。这是保护你免受情绪伤害的技巧，能让你保持冷静和心理平衡。

---

① 指站在别人的立场上。——译者注

图书在版编目（CIP）数据

离婚心理指南 / (英) 萨拉 · 戴维森
(Sara Davison) 著 ; 欣玫译 . -- 北京 : 中国友谊出版
公司 , 2019.5
ISBN 978-7-5057-4588-9

Ⅰ . ①离… Ⅱ . ①萨… ②欣… Ⅲ . ①离婚—社会心
理学—指南 Ⅳ . ① C913.13-62

中国版本图书馆 CIP 数据核字 (2019) 第 005424 号

UNCOUPLING: HOW TO SURVIVE AND THRIVE AFTER BREAKUP AND DIVORCE by SARA DAVISON

First published in Great Britain in 2016 by Piatkus, an imprint of Little, Brown Book Group.
This Chinese language edition is published by arrangement with Little, Brown Book Group, London, through Big Apple Agency, Inc., Labuan, Malaysia.

书名 离婚心理指南

作者 [英] 萨拉 · 戴维森 著 欣玫 译

出版 中国友谊出版公司

发行 中国友谊出版公司

经销 新华书店

印刷 北京天宇万达印刷有限公司

规格 690 毫米 × 1000 毫米 16 开
13.5 印张 字数 154 千字

版次 2019 年 5 月第 1 版

印次 2019 年 5 月第 1 次印刷

书号 ISBN 978-7-5057-4588-9

定价 38.00 元

地址 北京市朝阳区西坝河南里 17 号楼

邮编 100028

电话 （010）64678009